能源与电力分析年度报告系列

U0511604

2020 国内外电力市场化改革分析报告

国网能源研究院有限公司 编著

中国电力出版社
CHINA ELECTRIC POWER PRESS

内 容 提 要

《国内外电力市场化改革分析报告》是能源与电力分析年度报告系列之一，主要对每年国内外电力市场化改革的最新进展和重大事件进行跟踪和分析，研究改革的发展趋势和规律，为进一步深化我国电力体制改革和电力市场建设提供借鉴和参考。

本报告分别选取美国、加拿大、欧盟、英国、日本、俄罗斯、印度、澳大利亚，从政策法规、电力发展、市场概况、电力价格等方面对改革的最新进展和相关事件进行分析，针对国外跨国跨区电力市场模式、新能源参与电力市场机制、需求侧响应机制进行了专题研究。本报告对我国新一轮电力体制改革的最新政策要求、实施情况、重点问题进行了深入分析和研究，并基于对国外电力市场化改革相关经验的总结，对我国电力体制改革的未来进行了展望。

本报告可供能源分析人员、电力发展分析人员及国家相关政策制定者参考使用。

图书在版编目（CIP）数据

国内外电力市场化改革分析报告．2020/国网能源研究院有限公司编著．—北京：中国电力出版社，2020.7（2021.2重印）

（能源与电力分析年度报告系列）

ISBN 978-7-5198-4767-8

Ⅰ．①国…　Ⅱ．①国…　Ⅲ．①电力市场—市场改革—研究报告—世界—2020　Ⅳ．①F416.61

中国版本图书馆CIP数据核字（2020）第116955号

出版发行：中国电力出版社
地　　址：北京市东城区北京站西街19号（邮政编码100005）
网　　址：http://www.cepp.sgcc.com.cn
责任编辑：刘汝青（010-63412382）　孟花林
责任校对：黄　蓓　常燕昆
装帧设计：赵姗姗
责任印制：吴　迪

印　　刷：北京瑞禾彩色印刷有限公司
版　　次：2020年7月第一版
印　　次：2021年2月北京第二次印刷
开　　本：787毫米×1092毫米　16开本
印　　张：13.5
字　　数：184千字
印　　数：2001—2500册
定　　价：88.00元

版 权 专 有　侵 权 必 究

本书如有印装质量问题，我社营销中心负责退换

能源与电力分析年度报告

编　委　会

主　任　张运洲

委　员　吕　健　蒋莉萍　柴高峰　李伟阳　李连存
张　全　王耀华　郑厚清　单葆国　马　莉
郑海峰　代红才　鲁　刚　韩新阳　李琼慧
张　勇　李成仁

《国内外电力市场化改革分析报告》

编　写　组

组　长　马　莉

主笔人　杨　素　曲昊源

成　员　宋海云　陈珂宁　李　景　武泽辰　赵　铮
胡　源　唐程辉　张　高　薛　松　张　凡
张　寒　田士君　范孟华　张晓萱　高国伟
廖建辉　徐　杨　宋海旭　梁　才　赵　天
张笑峰　林晓斌　冯昕欣　李　睿　阮文婧
肖汉雄　李晓冬　陈伟伟　纪凤坤

前 言
PREFACE

电力行业的市场化改革是我国全面深化改革的重要组成部分。当前，我国新一轮电力体制改革已进入落地实施的关键阶段，正在加快构建有序竞争的电力市场体系，形成主要由市场决定能源价格的机制，发挥市场在资源配置中的决定性作用。本报告课题组持续跟踪分析国内外电力市场化改革的最新进展和趋势，加强相关研究，剖析改革热点问题，形成年度报告，为我国制定改革方案和路线图、优化改革措施提供重要的决策参考。

《国内外电力市场化改革分析报告》是国网能源研究院有限公司推出的“能源与电力分析年度报告系列”之一。本报告对2019年国内外电力市场化改革的最新动态进行跟踪，并对改革相关事件和问题深入分析，总结出国外电力市场化改革对我国的启示和建议。为了给我国进一步深化电力体制改革和建设电力市场提供借鉴，本报告还针对国外跨国跨区电力市场模式、新能源参与电力市场机制进行了专题研究。

本报告共分为11章。第1～8章分别选取美国、加拿大、欧盟、英国、日本、俄罗斯、印度、澳大利亚，对其政策法规、电力发展、市场概况、市场价格等方面的新进展和相关事件进行分析；第9章对我国新一轮电力体制改革的最新政策要求、实施情况、重点问题进行了深入分析和研究；第10章对国外跨国跨区电力市场模式、新能源参与电力市场机制、需求侧响应机制进行了专题研究；第11章基于对国外电力市场化改革相关经验的总结，对我国电力体制改革的未来进行了展望。

本报告概述部分由杨素主笔；美国电力市场化改革部分由曲昊源、张寒主笔；加拿大电力市场化改革部分由赵铮主笔；欧盟电力市场化改革部分由陈珂宁、张高、杨素主笔；英国电力市场化改革部分由李景、张凡主笔；日本电力市场化改革部分由杨素主笔；俄罗斯电力市场化改革部分由武泽辰主笔，国网驻俄办欧晓明、杜金昇、陈万军、刘伟、成俊伯、樊浩参与撰写；印度电力市场化改革部分由宋海云主笔；澳大利亚电力市场化改革部分由胡源主笔；中国电力市场化改革最新进展部分由曲昊源、杨素、薛松、武泽辰主笔；跨国跨区电力市场模式分析部分由曲昊源、杨素主笔；新能源参与电力市场机制部分由唐程辉主笔；需求侧响应机制部分由张高、薛松主笔；展望由张凡主笔；全书由杨素、曲昊源统稿，马莉、张晓萱、张凡、范孟华校核。

本报告在编写过程中，得到了国家电网有限公司总部相关部门及一些行业知名专家的指导和帮助，在此表示衷心感谢！

限于作者水平，虽然对书稿进行了反复研究推敲，但难免仍会存在疏漏与不足之处，恳请读者谅解并批评指正！

编著者

2020 年 6 月

缩 写 词 表

缩 写	全 称	中 文
ACCC	Australian Competition and Consumer Commission	澳大利亚竞争与消费委员会
ACER	Agency for the Cooperation of Energy Regulators	欧洲能源监管合作机构
ACS	Average Cost of Supply	平均供应成本
AEMC	Australian Energy Market Commission	澳大利亚能源市场委员会
AEMO	Australian Energy Market Operator	澳大利亚能源市场运营机构
AER	Australian Energy Regulator	澳大利亚能源监管机构
APPA	American Public Power Association	美国公共电力协会
APX	Amsterdam Power Exchange	阿姆斯特丹电力交易所
BETTA	British Electricity Trading and Transmission Arrangement	英国电力交易与输电制度
BMU	Balancing Mechanism Unit	平衡单元
CAISO	California ISO	加州电力市场运营机构
CAISO NP 15	CAISO North Path 15	加州北通道 15 电网
CAISO SP 15	CAISO South Path 15	加州南通道 15 电网
CEA	Central Electricity Authority	（印度）中央电力管理局
CEER	Council of European Energy Regulators	欧洲能源监管委员会
CERC	Central Electricity Regulatory Commission	（印度）中央电力监管委员会

续表

缩　写	全　　称	中　　文
CfD	Contract for Difference	差价合约
CoAG	Council of Australian Governments	澳大利亚政府理事会
CP	Capacity Resource	容量电源
CPP	Clean Power Plan	清洁电力计划
CTS	Coordinated Transaction Scheduling	交易调度协作
DECC	Department of Energy & Climate Change	（英国）能源与气候变化部
DISCOM	Distribution Companies	（印度）配电公司
DNO	Distributed Network Operator	配网运营机构
DoE	Department of Energy	美国能源部
EC	Energy Council	澳大利亚能源理事会
ECA	Energy Consumers Australia	澳大利亚能源消费者委员会
EDF	Électricité de France	法国电力公司
EDP	Energias de Portugal	葡萄牙能源公司
EEPS	Energy Efficiency Portfolio or Resource Standards	能效配额制和资源标准
EIA	Energy Information Administration	（美国）能源信息署
EIM	Energy Imbalance Market	（美国西部）能量不平衡市场
EnBW	Energie Baden - Württemberg AG	巴登 - 符腾堡能源公司
ENTSO - E	European Network of Transmission System Operators for Electricity	欧洲输电网运营商网络组织
ESCJ	Electric Power System Council of Japan	日本电力系统利用协会
ERCOT	Electric Reliability Council of Texas	得州电力可靠性委员会
ERDF	Électricité Réseau Distribution France	法国配电网公司

续表

缩写	全称	中文
ETS	Emission Trading Scheme	碳排放交易计划
FERC	Federal Energy Regulation Commission	美国联邦能源监管委员会
FIT	Feed - in Tariff	可再生能源固定价格收购制度
FPN	Final Physical Notification	最终合同
GBSO	Great Britain System Operator	英国电网调度中心
GME	Gestore Mercato Elettrico	意大利电力交易所
GS	Guaranteeing Suppliers	默认供电商
GTMA	Grid Trading Master Agreement	电网交易主要协议
IEA	International Energy Agency	国际能源署
IEX	Indian Energy Exchange Ltd	印度能源交易所
IOU	Investor - Owned Utilities	私有电力公司
IPDS	Integrated Power Development Scheme	整合电力发展计划
IPP	Independent Power Producer	独立发电企业
IRP	Integrated Resource Plan	综合资源规划
ISO	Independent System Operator	独立系统运行机构
ISMO	Independent System and Market Operator	独立系统市场运营机构
ISO - NE	ISO New England	新英格兰电力市场
ITO	Independent Transmission Operator	独立输电运行机构
ITP	Intergrated Transmission Planning	统一输电规划
JCM	Joint and Common Market	共同的批发电力市场
JEPX	Japan Electric Power Exchange	日本电力批发交易所
LMP	Locational Marginal Price	节点边际电价
LSE	Load Serving Entity	负荷服务商

续表

缩 写	全 称	中 文
MCE	Ministerial Council on Energy	（澳大利亚）能源理事会
MCP	Marginal Clearing Price	节点出清价格
MEIT	Ministry of Economy, Trade and Industry	（日本）经济产业省
MISO	Midwest ISO	中西部电力市场
MMU	Market Monitoring Unit	市场监督部门
MoP	Ministry of Power	（印度）电力部
NECA	National Electricity Code Administrator	（澳大利亚）国家电力规制执行中心
NEM	National Electricity Market	（澳大利亚）国家电力市场
NEMMCO	National Electricity Market Management Company	（澳大利亚）国家电力市场运营商
NERC	North American Electric Reliability Council	北美电力可靠性委员会
NETA	The New Electricity Trading Arrangements	（英国）新电力交易制度
NGC	National Grid Company	（英国）国家电网公司
NPC	National Power Committee	国家电力委员会
NPEX	National Power Exchange Ltd	国家电力交易公司
NWE	North West Europe	西北欧
NWIS	North West Interconnected System	（澳大利亚）西北互联系统
NYISO	New York ISO	纽约电力市场
OCCTO	Organization for Cross - regional Coordination of Transmission Operators	广域系统运行协调机构

续表

缩　写	全　　称	中　　文
OfGEM	Office of Gas and Electricity Markets	（英国）天然气和电力市场办公室
OMEL	Operadora del Mercado Espanol de Electricidad	西班牙电力交易所
OTC	Over The Counter	场外交易
PEP	Platts Pan - European Power Index	欧盟批发电价指数
PJM	Pennsylvania - New Jersey - Maryland	（美国）PJM 电力市场
PPS	Power Producer & Supplier	特定规模电力企业
PSDF	Power System Development Fund	电力系统发展基金
PTC	Production Tax Credit	联邦产品税收抵免法案
PXIL	Power Exchange India Ltd	印度电力交易所
REC	Renewable Energy Credit	可再生能源证书
RO	Renewable Obligation	可再生能源义务
RPS	Renewable Portfolio Standard	可再生能源配额制
RTE	Reseau de Transport d́Electricité	法国输电公司
RTO	Regional Transmission Organization	区域输电组织
RWE	Rheinisch - Westfälisches Elektrizitä-tswerk AG	（德国）莱茵电力股份公司
SCER	Standing Council on Energy and Re-sources	（澳大利亚）能源资源常务理事会
SEB	State Electricity Board	（印度）邦电力局
SERC	State Electricity Regulatory Commis-sion	（印度）邦电力监管委员会
SMD	Standard Market Design	标准市场设计
SPP	Southwest Power Pool	西南电力库
SWIS	South West Interconnected System	（澳大利亚）西南互联系统
TSO	Transmission System Operator	输电运行机构

续表

缩　写	全　　称	中　　文
TYNDP	Ten - Year Network Development Plan	（欧盟）十年电网发展规划
WSCC	Western Electricity Coordination Council	（美国）西部互联电网
XBID	Cross - Border Intraday Market	欧洲跨境日内市场

目　录
CONTENTS

概　述

随着能源清洁低碳转型的持续推进和人工智能、区块链、边缘计算等数字化新技术的融合应用，电力系统的结构和技术特征正在发生深刻改变。如何通过体制机制创新提升电力市场的灵活性和包容性、促进清洁能源的大范围消纳和高效利用、确保电力的安全可持续供应，成为世界各国关注的焦点。

（一）国外电力市场建设进展概述

一是适应能源转型需求，致力于构建更具包容性和灵活性、促进绿色低碳发展的市场体制机制。各国充分考虑新能源和灵活性调节资源的特点，进一步完善电力市场的机制设计和相关规则。2019 年 12 月 11 日，欧盟委员会提出《欧洲绿色协议》，强调欧洲电力市场需要实现集成化、互联化、数字化，以提供清洁、低价、安全的能源为目标不断优化机制设计。2020 年 2 月，英国天然气电力市场办公室（OfGEM）提出了脱碳行动计划（Decarbonisation Action Plan）。2020 年 3 月，OfGEM 对可再生能源发电的差价合约（CfD）计划进行修订，在激励新能源投资的同时，尽可能向消费者提供低成本的低碳发电。新的差价合约将于 2021 年开始实施。2019 年 6 月 7 日，日本提出 2019 版《能源白皮书》，提出要致力于新能源的主力电源化。各国充分考虑新能源和灵活性调节资源的特点，进一步完善电力市场的相关规则。2019 年 9 月，CAISO 为美国西部八州的新能源建立日前市场，公用事业公司可通过更有效的机组组合和更大范围的资源整合来促进新能源的消纳。

二是充分调动需求侧资源，建立完善需求侧资源参与市场交易的机制，为市场和系统运行提供更多灵活的调节手段。随着新能源的大规模发展，各国都意识到鼓励需求侧参与市场，充分利用需求侧资源是应对波动性电源、调节供需的最主要、最经济的手段之一。同时，分布式电源和储能技术的发展为需求侧资源参与市场提供了必要的技术支撑。2019 年 5 月，加州公共事业委员会（CPUC）公布了关于需求响应和电池储能的两项提案，旨在促进需求响应和电池储能充分发挥其在电网中的作用。2019 年 10 月 14 日，澳大利亚能源市场委员会（AEMC）向澳大利亚政府理事会（CoAG）提出了引入节点电价和输电权交易的市场设计方案，该方案旨在提高储能运营商、发电商的市场收益，并通过价格信号引导其合理选择投资地点。

三是市场范围不断扩大，充分发挥地区间能源资源与负荷差异互补优势，提高清洁能源消纳水平。为更好地促进新能源发展、增加能源供应多样性、保障能源安全，世界很多国家跨国跨区大范围资源配置需求突出，电力市场交易范围持续扩大。欧盟已陆续实现多国、多区域市场的联合交易，基于统一市场核心规则、实现联合出清的市场机制正在逐步建立，截至2019年12月，欧洲已实现日前市场联合的国家共27个。2020年2月，英国商业、能源与产业战略部（BEIS）承诺将对容量市场（Capacity Market，CM）的设计进行多项改进，允许跨境输电容量直接参与容量市场。为进一步促进跨区电力交易，日本建立了跨区联络线输电权市场。

四是不断优化完善容量补偿机制设计，保证高比例新能源下的电力安全可靠供应。随着新能源的高比例接入，常规燃煤和燃气发电机组发电利用空间在一定程度上被挤占，利用率下降导致收益减少。与此同时，由于新能源对系统可靠性的影响较大，未来电力系统中仍然需要常规能源机组承担峰值负荷。通过容量市场与电量市场共同匹配，能够支撑新建常规发电容量所需的投资，确保系统的可靠性和充裕度。日本提出在2021年启动容量市场。2019年8月，美国纽约电力市场（NYISO）表示为了完善容量市场、电能量市场等，计划开展15项电力市场机制改革。

五是受燃料成本上涨、新能源比例上升等因素影响，多个国家电力市场价格出现明显上涨。2019年，加拿大阿尔伯塔省和安大略省批发电价上涨8%以上。日本零售电价在2017、2018年期间连续上升。2019年俄罗斯电力批发市场平均交易电价为1.20卢布/（kW·h）[约合0.12元/（kW·h）]，较2018年上涨2.63%。

（二）主要国家电力市场化改革大事记

美国促进新能源消纳，对市场机制进行优化。为促进新能源发展，美国各电力市场（ISO/RTO）均对电力市场进行关键机制优化。为了适应高比例可再生能源接入，美国各大电力市场采取了一系列措施，包括完善市场定价机制、丰富交易品种等，以促进新能源消纳。未来，随着新能源的发展，美国的容量市场和辅助服务市场在电力市场结构中的比重将提升，尤其是辅助服务市场。

法国容量市场启动运行。在机制设计上，法国容量市场设计由原来作为单纯的容量义务方改变为向容量认证方购买容量证书的方式，以满足系统运行安全。容量证书方面，拥有高可靠性的火电、核电机组都可以获得容量证书，除此之外，需求响应服务提供商也可以根据其需求响应能力的评估认证结果获得容量证书；容量义务方面，每个售电公司都需要根据所签约电力用户的最大用电负荷，从容量市场中购买足够的容量证书以保证其在用电高峰时段供电的安全性。在运营方式上，法国输电运营商作为法国容量市场的运营机构承担两方面责任：一是负责容量证书的认证和发放；二是负责监督售电公司足额购买容量证书。

日本为促进市场竞争，对电力市场机制进行了再设计。为了进一步活跃电力市场交易，日本对电力市场进行了再设计，根据本国国情，丰富了市场类型和交易品种，以适应电改后的电力工业现状。近年来日本逐步建立期货市场、基荷市场、非化石价值市场、跨区联络线输电权市场等。未来还将建立包含辅助服务的平衡市场以及容量市场。市场体系将进一步完善。

印度颁布实时电力市场框架。2019 年 12 月 27 日，印度中央电力监管委员会（CERC）颁布了三项修正法规，为印度实时电力市场（RTM）建立了基本框架。三项修正案包括《印度电网（第六次修订）2019 法规》《跨邦输电的开放接入（第六次修订）2019 法规》以及《电力市场（第二修订）2019 法规》。CERC 明确了实时市场框架，提出了实时市场的电力交易时间表，要求引入关闸机制，对输电能力要求、利润共享计划、能力建设/基础设施扩充、拍卖设计/价格发现/市场运作、收费标准，以及偏差、清算和结算方式等都做出了相关要求和说明。2020 年 6 月 1 日，印度两个电力交易所（IEX 和 PXIL）都正式上线运营印度实时电力市场。

1

美国电力市场化改革最新进展

美国电力市场化改革主要历程

1947—1970 年 美国电力发展黄金时期。1965 年形成部分跨区电网，1968 年成立北美电力可靠性委员会（NERC）。

1970—1984 年 美国电力工业黄金时代结束。1978 年出台《公共事业管制政策法案》，并成立联邦能源管制委员会（FERC）。

1992 年 美国出台《能源政策法案》，美国电力市场启动。

1996 年 FERC 颁布 888 和 889 号法案，要求电力公司开放输电网。

1999 年 FERC 颁布 2000 号法案，要求建立区域输电组织（RTO），并规定了区域输电组织的职能。

2002 年 FERC 提出并推行标准市场模式（SMD）和输电服务规则。

2005 年 美国出台 2005 年新能源法案；FERC 宣布终止标准市场模式（SMD）的推行。

2009 年 奥巴马政府推动《美国清洁能源与安全法案》。

2011 年 FERC 改革输电规划和输电成本分摊。

2014 年 奥巴马政府推动《清洁电力计划》。

2015—2016 年 《清洁电力计划》（CPP）正式公布，但 11 月遭到国会否决，随后奥巴马行使了总统搁置否决权。2016 年 2 月，美国最高法院裁定暂缓实行 CPP。

2017 年 特朗普宣布废除奥巴马的“气候行动计划”，同时颁布《美国第一能源计划》，将大力发展美国本土的页岩油气和清洁煤技术。

2018 年 FERC 通过 841 号法案，要求各电力市场（ISO/RTO）制定储能参与电力市场的模型。

2019 年 FERC 通过 844 号法案，要求各电力市场（ISO/RTO）提高市场上抬成本（Uplift Cost）配置的透明度。

背景阅读：美国电力市场概况

美国从1992年开始进行电力市场化改革，由于美国各州的政策独立性以及经济、电力发展的差异性，各州电力市场化改革进度均不相同。由于美国以私有化为基础，仅少数州将发电资产分离，大部分州还保持原有的产权形式，仍然存在大量发输配售垂直一体化的电力公司，但同一公司内部的不同业务分环节独立核算。截至2020年6月，美国已经建立7个有组织的区域电力批发市场（由ISO或RTO运营），覆盖了31个州。其中，加利福尼亚、得克萨斯、伊利诺伊、密歇根、俄亥俄、宾夕法尼亚、纽约、马里兰、新泽西等15个州同时进行售电侧改革，允许终端用户自由选择供电商进行购电，其余16个州仅开展批发侧竞争。此外，内华达、俄勒冈、蒙塔纳3个州已进行售电侧改革，但尚未建立电力批发市场[1]。

1. 电力工业结构

美国电力市场主体呈现多元化的特征，在美国的3300多家公用电力公司中，联邦所属电力公司占0.3%，市属电力公司占60.9%，私有电力公司占5.7%，农村电力合作社占26.5%，电力经销商占6.6%。从服务的电力用户数量来看，市属电力公司占15%，私有电力公司占68%，农村电力合作社占13%，电力经销商占4%。

美国输电线路拥有权也非常分散，其中约2/3为垂直一体化的公用电力公司所有，其他为众多的联邦政府机构（如田纳西水电局）、市政电力公司和农村电力合作社拥有，此外还有一些赢利性的电网经营企业。由于输电资产分散，难以强迫私企进行输电业务的集中整合，美国选择成立独立系统调度运行机构（ISO/RTO）的方式，将相邻区域内所有输电线路的

[1] 数据来源：彭博新能源财经数据库（BNEF）。

调度管理权集中授权给独立的区域调度机构，以保障系统运行安全和促进更大范围的交易。截至 2020 年 6 月，美国包括七大 ISO/RTO，分别为加州电力市场运营机构（CAISO）、得州电力可靠性委员会（ERCOT）、新英格兰电力市场（ISO - NE）、中西部电力市场（MISO）、美国 PJM 电力市场（PJM）、纽约电力市场（NYISO）和西南电力库（SPP）。

2. 电力市场模式

美国 7 大区域电力批发市场均采用了典型的集中式电力市场模式。电力市场运营机构为独立系统运行机构（ISO）或区域输电组织（RTO）。电力市场中的交易标的物分为电能量、辅助服务、金融输电权和容量。市场成员之间可签订从日前到中长期各种周期的双边交易合同，以规避日前和实时市场价格波动风险，不需要 ISO/RTO 集中组织和安全校核。双边交易合同约定的电量和电价只具有金融结算意义，不要求调度执行。ISO/RTO 只对现货集中交易市场进行管理，主要包括日前和实时现货市场。大部分现货市场允许发电侧和用户侧（主要是负荷服务商）双向报价，价格机制采用节点电价机制，并通过拍卖金融输电权进行阻塞管理，同时开展辅助服务与电能量现货联合优化出清。此外，PJM 电力市场、纽约电力市场（NYISO）及新英格兰电力市场（ISO - NE）建立了容量市场机制。

1.1 美国电力市场化改革进展概况

1.1.1 政策法规

2019年4月，美国联邦能源监管委员会（FERC）颁布844号法案，要求市场运营机构（RTO/ISO）提升市场上抬成本[1]配置的透明度。FERC认为，由于部分电力市场当前的上抬成本分摊机制不合理，导致市场价格被扭曲。为提高上抬成本的透明程度，FERC要求所有RTO/ISO在其财务报告中按月披露各输电区的每日总上抬成本、分类明细、每一类机组的上抬成本总额、市场外调度机组启动原因和启动时间等信息。

2019年4月，FERC要求PJM和纽约电力市场（NYISO）修改快速启动资源的定价规则。此前，FERC调查认为，PJM和NYISO现行的市场定价机制对快速启动资源并不公正、合理。此类机组一般在实时运行中临时调用，用于响应系统中突发的需求，但受到刚性运行上限等限制无法作为边际定价机组，难以回收成本。FERC要求PJM和NYISO改进其定价规则以反映快速启动资源的启动成本。

2019年5月，美国夏威夷州宣布顺利完成面向公用事业公司的基于绩效监管机制的第一阶段框架设计。由于高度依赖石油发电，夏威夷州的电价一直居高不下，位列美国各州首位。为了降低用户购电成本、提高供电服务质量、实现清洁能源目标，夏威夷州公共事业委员会决定对公用事业公司采取基于绩效的监管机制（Performance - Based Regulation，PBR），根据公共事业公司的绩效目标（用户满意度、清洁能源利用率等指标要求）核定其准许收益。通过第

---

[1] 市场上抬成本（Uplift Cost）指实际调用资源的边际成本与电能量、辅助服务市场出清价格之间的差额，一般用于补偿在可靠性机组组合环节或由于系统运行原因等在市场外调用机组的启动成本、最小运行成本以及其他运行备用费用等。

一阶段的研究和意见征询，夏威夷州公共事业委员会明确了 PBR 的 3 个指导原则、3 个监管目标和 12 个核心任务，并计划在第二阶段进一步细化监管机制。第二阶段于 2019 年 6 月启动。

2019 年 8 月，FERC 要求中西部电力市场（MISO）实施发电机组停运计划改革。改革的主要内容是在 MISO 电价体系中增加可检修容量的概念，以激励发电机组提前安排停运计划。根据可检修容量的相关条款规定，发电机组在系统备用率低、安全风险高的时期停运会受到惩罚，但提前较长时间安排停运计划可以免受惩罚。受惩罚的发电机组在下一个计划年的强迫停运率将会提高。FERC 认为，对提前 14～119 天通知的停运计划，可检修容量是判定发电企业是否应受到惩罚的唯一决定因素。鉴于可检修容量对电费、供电质量等影响重大，需要在电价体系中予以考虑。该项决议遭到了多家电力公司的反对，理由是 MISO 对可检修容量的定义模糊且存在争议，但 FERC 坚持要求 MISO 执行此项改革。

2019 年 12 月，FERC 要求 PJM 修改其容量市场设计。PJM 容量市场一直以来实施最低报价规则（Minimum Offer Price Rule，MOPR），即针对特定市场主体设定价格下限，避免容量市场价格被压低。现行的 MOPR 仅适用于新一代燃气发电机组。由于近年来 PJM 加大了各州对机组（特别是低碳能源）的补贴力度，部分发电企业要求将 MOPR 的使用范围进行修改，以保证容量市场竞争的公平性和价格信号的准确性。FERC 要求修改后的 MOPR 适用于所有已获得或有权获得州补贴的现存或新建发电资源。

1.1.2 电力发展

（一）电源建设

截至 2019 年 12 月，美国发电装机容量 1100.5GW[1]。其中，天然气发电装机 476.6GW，占 43.31%；燃煤发电装机 229.2GW，占 20.83%；水电装机

---

[1] 数据来源：EIA 2020 年 1 月发布的电力信息月报（Electric Power Monthly）。

79.7GW，占7.24%；风电装机103.6GW，占比9.41%；太阳能发电装机[1] 37.3GW，占3.39%；生物质发电、地热发电等其他新能源发电装机15.9GW，占1.44%；核能发电装机98.1GW，占8.91%；抽水蓄能及其他储能电站装机23.9GW，占2.17%；其他装机[2] 36.2GW，占3.3%。

2019年美国新增发电机组装机容量少于2018年，约为17.97GW。其中，天然气发电新增7.34GW，占40.84%；风电装机新增6.18GW，占34.40%；集中式光伏发电新增4.28GW，占23.81%；其他电源新增0.17GW，占0.95%。2014—2019年，美国新增发电机组装机容量144.75GW，其中近3/4来源于天然气发电和风电，另外有22%来自太阳能发电。2014—2019年美国各类电源新增装机容量情况见表1-1。

表1-1　　2014—2019年美国各类电源新增装机容量情况

电源类型	新增装机容量（GW）	占比（%）
天然气发电	63.9	44.16
风力发电	43.0	29.75
太阳能发电	32.9	22.72
核能发电	1.3	0.88
水力水电	1.1	0.74
其他发电	2.6	1.75
合计	**144.8**	**100.00**

2019年美国共退役发电机组约18GW，其中退役的天然气发电和燃煤发电装机容量占比超过了85%。2019年美国退役发电机组装机容量情况见表1-2。2014—2019年，美国退役的发电机组中，燃煤发电机组和燃气发电机组的容量分别约占57%和30%，预计到2024年，近半数退役发电机组将以燃煤发电机组为主。2014—2019年美国各类电源退役装机容量情况见表1-3。

---

[1] 含集中式光伏发电、分布式光伏发电、太阳能光热发电等。

[2] 主要包括石油及其他化石燃料发电。

表 1-2 2019 年美国退役发电机组装机容量情况[1]

电源类型	退役机组装机容量（GW）	占比（%）
燃煤发电	13.7	76.3
天然气发电	1.7	9.5
核能发电	1.6	9.2
燃油发电	0.2	1.3
其他发电	0.7	3.7
合计	**17.9**	**100.0**

表 1-3 2014—2019 年美国各类电源退役装机容量情况

电源类型	退役机组装机容量（GW）	占比（%）
燃煤发电	66.2	57.2
天然气发电	34.6	29.9
燃油发电	3.8	3.3
核能发电	3.4	3.0
其他发电	7.7	6.6
合计	**115.7**	**100.0**

（二）电网建设

2019 年美国累计建成输配电线路 1126.8km[2]，同比下降 51.3%。其中，230kV 及以下输电线路 371.4km，345kV 及 500kV 输电线路 755.4km。预计到 2022 年 1 月，还将新增输电线路 1935.1km，其中 230kV 及以下输电线路 649.6km，345kV 输电线路 655.3km，500kV 及以上输电线路 630.2km。

（三）电力供需

2019 年美国发电量为 4118.1TW·h，较 2018 年（4174.4TW·h[3]）减少 1.35%。天然气发电量仍然位列第一，达到 1581.8TW·h，占 38.4%；燃煤发

[1] 数据来源：美国公共电力协会（APPA）。
[2] 数据来源：美国联邦能源监管委员会（FERC）。
[3] 数据来源：EIA 2020 年 1 月电力信息月报（Electric Power Monthly），其中 2018 年数据在《2019 国内外电力市场化改革分析报告》出版后有所修正。

电量为966.1TW•h，占23.4%；核能发电量位居第三，占19.7%；风电、太阳能发电、生物质发电等新能源发电量占10.8%；水电机组发电量占6.7%；其他机组发电量占1.0%。

2019年美国用电量为3749.5TW•h，与2018年[1]相比少了110.6TW•h。分部门来看，居民用电占38.3%，小幅下降；商业用电，占36.1%，小幅下降；工业用电下降了4.9%，占25.4%；交通部门用电上升0.4%，占0.2%。2019年美国分部门电力消费情况如表1-4所示。

表1-4　　2019年美国分部门电力消费情况　　TW•h

部门	2019年	2018年	增长率
居民	1435.147	1469.096	-2.3%
商业	1354.545	1381.761	-2.0%
工业	952.149	1001.597	-4.9%
交通	7.697	7.665	0.4%
合计	**3749.538**	**3860.119**	**-2.9%**

1.1.3　市场概况

（一）电力市场结构变化情况

2019年4月，美国电力公司（American Electric Power，AEP）收购了桑普拉能源公司（Sempra Energy）的新能源部门，包括装机容量为724MW的风电场和电池储能，收购成本约为10.5亿美元。此举措将推动AEP实现发电结构多样化的长期战略目标。

2019年10月，太平洋天然气与电力公司（Pacific Gas and Electric，PG&E）拒绝旧金山市以25亿美元收购的提议，并表示该交易不符合公司用户的最佳利益。此前，PG&E因导致加州多起致命山火事故面临数十亿美元的理

[1] 数据来源：EIA 2020年1月电力信息月报（Electric Power Monthly），其中2018年数据在《2019国内外电力市场化改革分析报告》出版后有所修正。

赔而负债累累，已于 2019 年 1 月正式申请破产。

（二）电力市场建设进展情况

2019 年美国电力市场建设方面的主要进展如下：

一是进一步推动市场范围扩大。2019 年 6 月，西南电力库（SPP）向美国西部的电力公司宣布，计划启动西部电能平衡服务（Western Energy Imbalance Service，WEIS），通过扩大实时集中调度范围，优化资源配置，提高供电可靠性，降低用能成本。CAISO 的评估显示，西部能源不平衡市场（Energy Imbalance Market，EIM）可以降低美国西部八州的用电成本。为了提高机组组合效率、在更大范围内实现资源优化配置、提高新能源利用率，2019 年 9 月，CAISO 决定在 EIM 的基础上进一步为美国西部八州的可再生能源建立区域日前市场。但是在日前市场建立之前，仍需解决日前市场治理结构、输电费用和资源充裕度等问题。

二是持续完善容量市场机制。2019 年 5 月，纽约电力市场（NYISO）的市场监测部门 Potomac Economics 建议对容量市场进行改进，采用基于边际可靠性价值的方法对容量定价，并采用更为精细化的容量区域边际定价（Locational Marginal Pricing of Capacity，C - LMP）机制，将容量分区划分数量由 4 个提高至 10 个。2019 年 8 月，NYISO 基于对顶峰机组在电能量市场和辅助服务市场中收入的预估，调整了容量市场的需求曲线，预计将于 2020 年第三季度完成需求曲线模型，第四季度提交给 FERC，在 2021 年 5 月的容量市场拍卖中正式使用。此外，PJM 容量市场改进方案正在根据 FERC 要求不断修改。

三是进一步改进电能量市场定价机制。2019 年 4 月，FERC 指令 EL18 - 33、EL18 - 34 中要求 NYISO 和 PJM 调整市场规则，以更有效地为快速启动资源定价。根据 FERC 要求，NYISO 正在研究制定快速启动资源的启动成本和空载成本的分摊方法。PJM 对市场定价规则进行了修订，在对快速启动机组进行报价校验时统筹考虑其启动成本及空载成本，并且适当放宽其综合报价上限，允许快速启动机组成为市场中定价的边际机组。

四是进一步完善储能、需求侧响应参与市场机制。2019 年 5 月，加州公共事业委员会（CPUC）公布了关于需求响应和电池储能的两项提案，旨在促进需求响应和电池储能充分发挥其在电网中的作用。一是建议改进并延长需求响应拍卖机制（Demand Response Auction Mechanism，DRAM）试点；二是建议修改自发电激励计划（Self - Generation Incentive Program，SGIP），要求项目业主为储能设备开发商及用户提供温室气体排放动态信号，引导储能设备在系统排放量较低时进行充电、排放量较高时进行放电，从而有效减少温室气体的排放。2019 年 5 月，NYISO 提议将储能纳入电力实时平衡市场结算中，即将储能资源在日前市场计划外的发用电量按实时平衡市场结算，以提高储能资源在批发市场中的参与度。

（三）电力市场运营情况

2019 年，美国各大电力市场总体运行平稳。总体来看，天然气发电在市场中的比例最高，约为 42%；其次是煤电、核电，分别占 26%、22%。各大市场中，新英格兰电力市场（ISO - NE）中天然气发电占比最高，为 56%；中西部电力市场（MISO）和西南电力库（SPP）煤电占比最高，约为 43%。加州电力市场、西南电力库中光伏发电、风电等新能源发电比例相对较高。2019 年 1—11 月美国主要电力市场发电结构如图 1 - 1 所示。

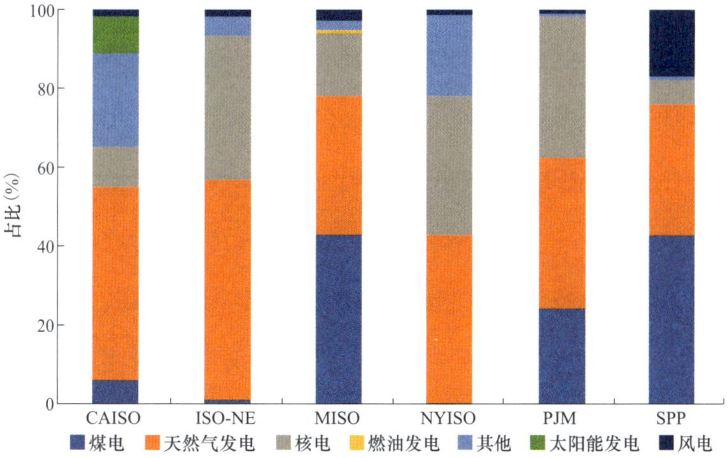

图 1 - 1　2019 年 1—11 月美国主要电力市场发电结构[1]

[1] 数据来源：2019 State of Market Report，FERC。因得州电力市场不受 FERC 监管，故数据缺失。

PJM 电力市场（PJM）：2019 年 PJM 日前市场出清电量为 117 249MW•h，同比增长 2.4%；实时市场出清电量为 93 433MW•h，同比下降 0.9%。双边合约占用电量比例为 15.9%，现货市场电量占比为 25.2%，其余（58.9%）为自调度电量。2019 年 PJM 市场的总电费为 392 亿美元。

新英格兰电力市场（ISO - NE）：2019 年新英格兰电力市场的总购电成本为 98 亿美元，同比下降 19%。其中降幅较大的组成部分有电能量市场成本 41 亿元，占比 42%，同比下降 32%，主要受天然气价格和用电负荷下降的驱动；容量市场成本 34 亿元，占比 35%，同比下降 6%；辅助服务市场成本 22 亿元，占比 22%，同比下降 29%。

纽约电力市场（NYISO）：2019 年纽约电力市场的平均负荷达到近十年来的最低值，年度峰值负荷为 30.4GW，同比下降 5%。负荷水平的下降在一定程度上缓解了电网的阻塞情况，阻塞盈余相比 2018 年下降了 14%。

得州电力市场（ERCOT）：受炎热天气的影响，2019 年得州电力市场的负荷陡增，运行备用率下降，进而触发了稀缺电价机制，导致得州电力市场平均实时电价上升。得州电力市场中风电发电量占比接近 20%，而煤电发电量连年下降，占比约为 20%。

中西部电力市场（MISO）：MISO 中 99%的电量都是在日前市场中出清的。2019 年，MISO 日前市场的平均电价为 27 美元/（MW•h），同比下降 18%。2019 年，MISO 新增风电装机容量 2GW，装机容量共计 22GW，风电发电量占比为 9%。

加州电力市场（CAISO）：加州电力市场的电源结构以天然气发电、太阳能发电、水电为主。2019 年加州电力市场总购电成本约为 89 亿美元。受天然气价格下降影响，加州电力市场平均电价水平有所下降。

西南电力库（SPP）：2019 年，西南电力库年度峰值负荷同比增加 3%，达到 51 230MW，同时年用电量下降 0.5%。新增装机容量全部为风电，2019 年风电发电量占比为 27%。市场监测报告显示，市场中超一半电量来自自调度机组。其中，煤电在 2019 年自调度电量中所占比例超过 60%。市场监测报告结论显示，自调度煤电机组使得一部分低效率的机组被优先调度，抑制了市场价格。如果能够对这些煤电机组实施经济调度，市场出清价格将提高约 7%，即 2 美元/（MW•h）。

1.1.4 电力价格

（一）批发电价

2019 年美国多数地区的年度平均批发电价相对于 2018 年显著下降，主要原因是天然气价格大幅下降。PJM 和纽约电力市场 2019 年批发电价相比 2018 年分别降低 21%、27%。但 2019 年得州电力市场批发电价平均为 38 美元/（MW•h），比 2018 年上涨 13%，主要原因是得州 2019 年夏季电力需求创最高纪录。2019 年 8 月 12 日，ERCOT 电力需求达到 74 666MW 的历史新高，实时批发价格达到了 9000 美元/（MW•h）的上限。2018—2019 年美国部分地区的日前市场批发电价变化情况、2015—2018 年各地区平均批发电价变动情况分别如图 1-2、图 1-3 所示。

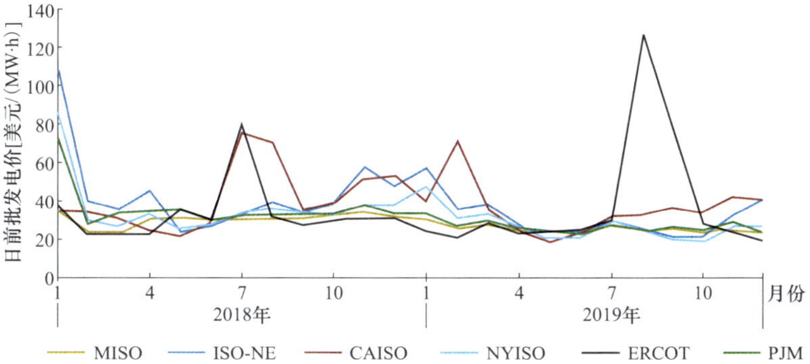

图 1-2 2018—2019 年美国部分地区的日前市场批发电价变化情况

（二）零售电价

2019 年美国平均零售电价为 10.60 美分/（kW•h），较 2018 年提升 0.07 美

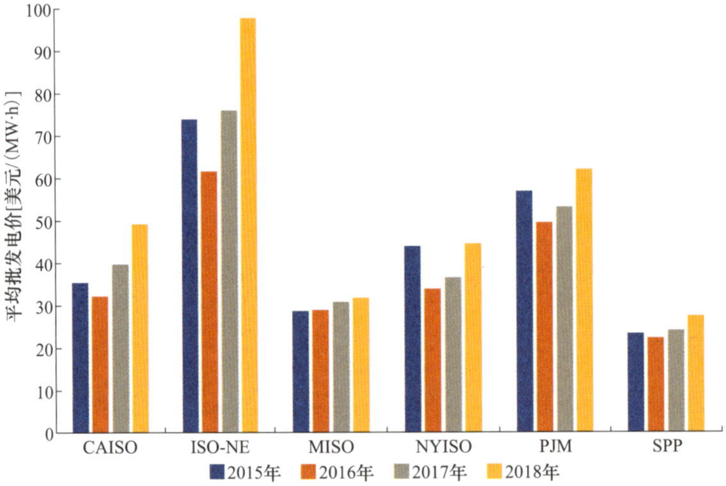

图 1-3 2015—2018 年各地区平均批发电价变动情况

分/（kW·h）。其中，居民、商业、工业和交通部门零售电价分别为 13.04、10.66、6.83、9.73 美分/（kW·h），这四类电价较 2018 年均有提升，2018、2019 年美国平均零售电价见表 1-5。

表 1-5　2018、2019 年美国平均零售电价　美分/（kW·h）

部门	2019 年	2018 年	增长率
居民	13.04	12.87	+1.3%
商业	10.66	10.67	-0.1%
工业	6.83	6.92	-1.3%
交通	9.73	9.70	+0.3%
平均	10.60	10.53	+0.7%

自 1997 年以来，全国平均零售电价均有所上涨，而实施售电侧改革的州（以下简称改革州）的平均零售电价普遍高于未实施售电侧改革的州（以下简称管制州）。1997 年，改革州与管制州的平均零售电价差为 2.3 美分/（kW·h）。到 2019 年，这一价差保持不变，1997—2019 年改革州与管制州平均零售电价对比情况如图 1-4 所示。2019 年改革州、管制州以及全国平均零售电价相较 1997 年分别上涨 46.9%、65.5%、55.9%。

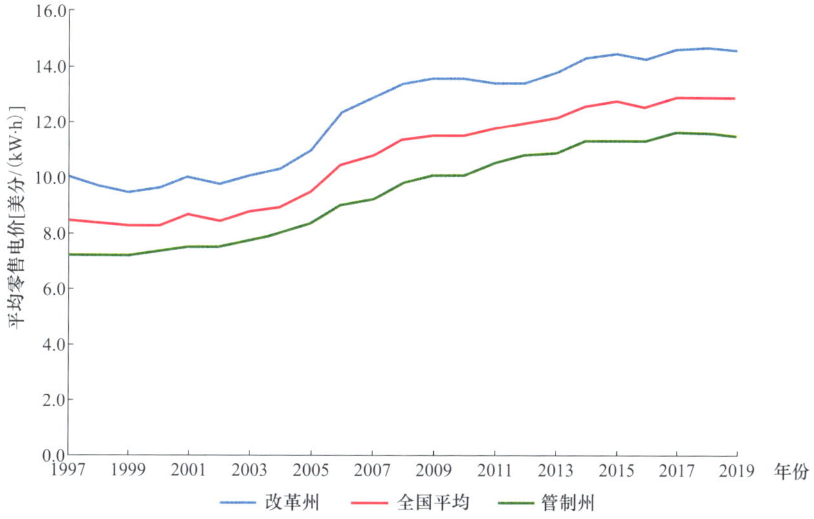

图 1-4　1997—2019 年改革州与管制州平均零售电价对比情况

1.2　美国电力市场化改革相关事件分析——适应新能源的美国电力市场机制优化

新能源发电比例的不断攀升给电力系统运行、电力市场运营带来了一定影响。为了适应新能源发电带来的运行挑战，美国各大电力市场对电能量市场、辅助服务市场、容量市场等机制进行了优化，以提高电力系统灵活性，确保发电资源充裕度，促进新能源消纳。

1.2.1　新能源对美国电力市场的影响分析

根据美国电科院（Electric Power Research Institute，EPRI）的分析，新能源对电力市场的影响主要包括以下方面：

一是对电能量市场的影响。由于新能源的边际成本较低，有可能导致市场整体平均电价水平下降，节点电价产生零电价或负电价的频率升高。新能源的波动性、间歇性也将加剧现货市场的价格波动，拉大日前市场与实时市场之间的价差。此外，新能源的渗透对灵活性电源提出了更高的需求，进而需要通过市场激励更多灵活性调节电源参与。

二是对辅助服务市场的影响。新能源的波动性将提高系统对运行备用的需求量，从而抬升辅助服务市场价格。此外，由于新能源发电可能存在的预测偏差，系统对快速响应的辅助服务需求量也将进一步提升，例如快速调频备用等。

三是对容量市场的影响。由于市场整体电价水平的降低，系统中一些传统机组可能会提前退役，导致系统资源充裕度下降，面临发电容量短缺等问题。为保证系统运行可靠性及供应充足，很多系统运行所必需的机组的收益模式将由基于电量逐渐转变为基于容量。

总体而言，随着新能源的发展，未来容量市场和辅助服务市场在电力市场结构中的比重将提升。为促进新能源发展，美国各 ISO/RTO 对电力市场机制进行了关键机制优化，主要包括扩大市场范围、丰富辅助服务交易品种、确保资源充裕性、鼓励储能参与市场等措施。

1.2.2 适应新能源的电力市场机制优化

（一）扩大市场范围

近年来，美国西部能量不平衡市场（Energy Imbalance Market，EIM）快速发展，实现了加州电力市场区域与周边非市场区域之间的电力平衡交易，通过大范围共享调节资源解决新能源比例提高带来的系统平衡问题。EIM 由加州电力市场（CAISO）于 2014 年主导发起。加州附近州各个分散的非市场区域或垂直一体化电力公司由原有的各州各自控制其系统的方式，转变为加入 EIM 实时市场并共享备用的方式。

EIM 带来的好处主要包括两个方面：

一是减少了问题。集中优化调度的区域扩大后，系统净偏差电量整体削减，即多个州的总体净偏差总是小于各个州各自偏差之和。

二是增加了手段。调频、备用等灵活平衡资源的共享使得系统优化空间更大，在不平衡出现时可以优先选择更高效的资源。

EIM的市场机制：在每个运行小时的75min之前，每个参加EIM的电力平衡机构通过所选择的计划协调员向CAISO上报该运行小时平衡机构辖区内的数据。上报数据包括辖区内平衡的发电和负荷计划；参与EIM的可供调度资源的能量报价（由CAISO根据报价高低来进行最经济的调度）；辅助服务备用计划（虽然每个平衡机构将自行负责本辖区的频率调节和为应付突然事件而保留的辅助服务备用，但CAISO需要这些信息以防调度指令进入保留的辅助服务备用范围）；其他信息（负荷预测、故障管理计划、线路容量等）。

从运行效果来看，EIM所涉及的电能在各方区域中电量占比均不大（5%～15%），但其对整个EIM提高平衡能力、降低平衡经济代价起到了重要作用。截至2019年底，EIM已经累计产生了8.6亿美元的效益，减少新能源弃电量10.12亿kW·h，降低二氧化碳排放量43.3万t。

（二）丰富辅助服务交易品种

随着新能源发电装机的大量接入，电力系统和电力市场对灵活性爬坡产品和系统惯性的需求提高。电力辅助服务市场需要丰富交易品种，采用市场化机制对提供系统灵活性的资源进行补偿。

一是引入爬坡类产品。爬坡类产品主要针对未来新能源高比例接入的电力系统中，由于新能源发电资源的临时短缺（如太阳落山等），对常规机组出力提出快速爬坡的需求。爬坡类产品由调节性能较好的发电机组提供，如燃气机组、抽水蓄能机组等。美国MISO、SPP、CAISO等电力市场已经建立了短期爬坡交易机制。美国加州电力市场灵活爬坡交易机制示意如图1-5所示。

二是引入系统惯性频率响应服务类产品。系统惯性频率响应服务类产品同样是为了应对新能源接入所引入的新兴辅助服务产品。新能源对系统惯性的贡献较为微弱，将给系统调节性能带来影响。为了确保系统运行的稳定，需要对

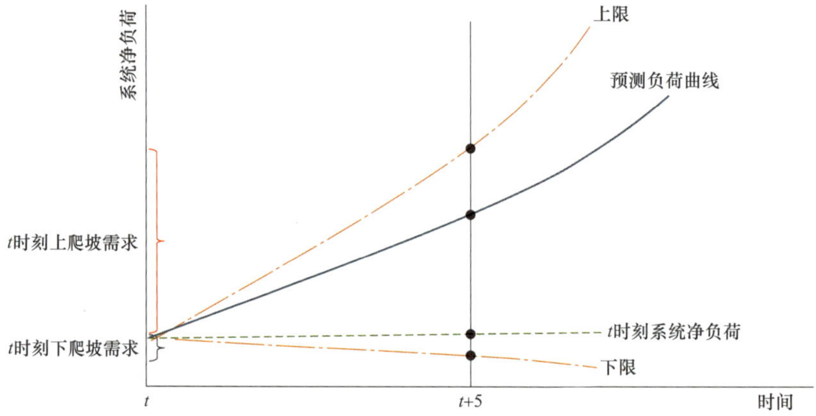

图 1-5 美国加州电力市场灵活爬坡交易机制示意图

提供系统惯性、维持系统稳定运行的常规能源机组进行补偿。2014 年，美国得州电力市场向 FERC 提交的未来辅助服务市场设计草案中提出了同步惯性频率响应（Synchronous Inertial Response，SIR）的交易品种。

（三）确保资源充裕性

随着新能源的高比例接入，常规燃煤和燃气发电机组的发电利用空间在一定程度上被挤占，利用率下降导致收益减少。同时新能源对系统可靠性的影响较大，未来电力系统仍然需要常规能源机组承担峰值负荷。常规燃煤发电和燃气发电将从单纯依赖电量竞争，转变为更多地参与容量交易和服务。容量市场与电能量市场共同匹配，支撑新建常规发电容量所需的投资，确保系统的可靠性和充裕度。除了 PJM、MISO 等市场建立了容量市场机制外，美国得州、加州电力市场为了应对资源充裕性问题也采取了创新性措施。

一是得州电力市场建立了稀缺定价机制（Scarcity Pricing）。美国得州电力市场是单一电能量市场，未建立容量市场。为了机组能够回收成本，得州电力市场采用稀缺定价机制，即设置较高的价格上限，在系统资源短缺的时候允许市场价格陡升至较高水平，从而使边际机组能够回收成本。主要机制是根据实时运行备用需求曲线（Operating Reserve Demand Curve，ORDC）计算出实时备用价格增量（Real-Time Reserve Price Adders），在系统充裕度较低时对传统机组进行一定的经济激励。当前，得州电力市场的价格上限是 9000 美元/（MW•h）。

二是加州电力市场建立了灵活性资源远期备用制度（Forward Flexible Capacity Requirements）。加州电力市场暂未建立集中的容量市场交易制度，但为了保证系统中灵活性调节资源的充裕度，实行灵活性资源远期备用制度。CAISO 每年根据系统负荷预测、新能源装机情况等预测第二年系统中所需要的灵活性资源，并按一定规则将灵活性资源的需求分配给负荷服务商（LSE）。LSE 需要通过双边合约的方式购买灵活性资源（包括发电、储能、需求侧响应等）以满足相应的配额需要。成交后的灵活性资源需要按规则在加州日前市场、实时市场中进行报价，提高系统运行灵活性。

（四）鼓励储能参与电力市场

为推动储能全面参与电力市场、进一步促进储能行业发展，美国联邦能源监管委员会（FERC）于 2018 年 2 月 15 日正式出台 841 号法案，明确要求所有电力市场运营机构充分考虑储能的物理运行特性，研究制定储能参与电力市场的相关规则，消除储能参与市场的障碍。

针对储能参与电力市场规则的制定，FERC 提出四项原则：**一是市场准入方面，**允许储能资源可以根据其自身资源的技术特点参与电能量、辅助服务与容量等不同品种交易。**二是准入门槛方面，**储能参与市场的容量准入门槛应不超过 100kW。**三是报价机制方面，**通过设计不同的报价参数充分考虑储能的技术与物理特性。**四是价格机制方面，**参与市场的储能可以作为电源或负荷被调度，并且购售电价均为批发市场边际出清价格。

1.2.3 相关启示

未来新能源高比例接入的电力系统中，需要通过电力市场鼓励调节资源充分发挥作用，提高系统灵活性。美国电力市场通过完善电能量市场、丰富辅助服务交易品种、优化容量市场等一系列举措，有力地保障了新能源渗透下电力市场和电力系统的可靠运行。相比之下，我国面临市场体系尚未健全、灵活性调节电源不足等问题，建议我国不断完善电力市场体系建设，探索建立容量市场回收机组投资机制，利用市场化机制促进新能源消纳。

一是加快推进电力现货市场建设。电力现货市场的作用之一是形成反映电能商品的时间和空间属性的价格信号。近年来美国电力市场持续完善现货市场价格形成机制，确保市场价格能够适应新能源比例不断提高的能源结构。为了使现货市场形成准确的价格信号、加大峰谷电价差，我国应合理设置现货市场价格机制，建立市场防范机制，保证市场能够有效发挥资源优化配置作用。

二是丰富辅助服务交易品种。美国辅助服务市场除了传统的调频、备用等品种以外，还创新引入了爬坡类产品，促进系统灵活性的提升。建议我国加快推动调频、备用辅助服务市场建设，并适时引入爬坡类产品、系统惯性服务产品、无功支撑服务产品等，满足系统对具有快速爬坡能力以及调节性能良好的电源需求，并通过市场化定价方式对此类机组进行经济补偿，进一步促进新能源消纳。

三是逐步构建容量成本回收机制。随着新能源的高比例接入，火电在电力系统中的作用由提供电量逐渐转变为提供电力。容量市场优化是美国近年来电力市场的焦点问题，各电力市场均对其容量市场交易机制进行了改进，确保传统能源机组与新能源机组能够公平竞争。建议我国研究建立容量成本回收机制，用于激励常规火电投资建设，保障系统发电容量充裕度、调节能力和运行安全，促进新能源消纳。

四是鼓励新兴市场主体参与市场。美国大力推动储能、需求侧响应等主体参与电力市场，要求各市场完善相关市场规则。建议我国研究建立需求侧资源、虚拟电厂、储能等新兴主体参与电力市场交易的机制，有效激发市场主体活力，以市场手段促进源网荷储良好互动，保障电网实时供需平衡，提高系统运行的灵活性。

2

加拿大电力市场化改革最新进展

加拿大电力市场化改革主要历程

1995－1996 年 阿尔伯塔省通过了电力工业非管制化的立法，建立了电力库和输电管理机构。

1998 年 安大略省通过了能源竞争法令，取消了安大略省电力公司的垄断特权，将政府所有的安大略水电公司（含发电和输电）拆分为不同的实体。

2001 年 阿尔伯塔省启动了目前的市场结构，并开放零售侧竞争。至此，阿省在发电侧和供电侧都实现了完全开放的竞争，现货市场、期货市场和长期购电合同并存。

2002 年 安大略省正式开放电力市场，允许市场决定电费价格。由于市场不成熟，电费上涨，省政府承受不住压力，年底将零售电价降低并冻结。

2003 年 阿尔伯塔省电力库和独立输电管理机构合并为阿省电力系统运营商（AESO）。

2004 年 安大略省政府设立了电力局（Ontario Power Authority，OPA），专门负责制定电力生产计划、吸引电力投资。

2005 年 安大略省提出住宅和商业用户的价格管制计划，旨在提供稳定且可预测的电价，鼓励节能。

2006 年 阿尔伯塔省提出月度电价由长期合同的电力价格和预测的下个月市场价格共同决定。

2008 年 阿尔伯塔省电力市场引入长期供应充足性指标。

2014 年 阿尔伯塔省提出月度电价完全取决于下一个月预测市场价格。

2016 年 阿尔伯塔省政府宣布自 2021 年开始，将本省电力市场由单一能量市场转变为包含能量市场和电力容量市场的新市场。

2018 年 加拿大电力委员会发布加拿大未来清洁能源政策，即通过联邦政府的参与，并与各省和地区充分合作，构建加拿大能源战略（CES）框架。

2019 年 阿尔伯塔省政府宣布，阿尔伯塔省将放弃建立容量市场计划，持续发展单一能量市场。

背景阅读：加拿大电力市场概况

1. 电力工业结构

加拿大共有10个省和3个地区，其中10个省从工业结构特点来看，可划分为水电为主省份（不列颠哥伦比亚、曼尼托巴、魁北克、纽芬兰-拉布拉多）、市场重组省份（阿尔伯塔、安大略、新不伦瑞克）、传统电力工业省份（萨斯喀彻温、新斯科舍、爱德华王子岛）等三种类型。其中水电为主省份和传统电力工业省份均属于未改革省份，水电为主省份相对于传统电力工业省份，其系统规模较大，电源类型以水力发电为主；传统电力工业省份以热电生产为主，系统规模较小，由垂直一体化的公共事业公司主导电力工业，集发、输、配、售一体。市场重组省份水电资源缺乏，更多依赖化石燃料发电和核电，因此电价较高，使得市场化存在改革原动力，改革目的主要是减少管制、控制成本。

2. 电力市场模式

对水电为主省份，其电力市场模式均为双边合同集中管理模式，即市场主体通过电力交易机构集中交易，确定最终的成交对象、成交电量与成交价格等；对市场重组省份，阿尔伯塔省的市场运营商为AESO，市场模式为强制性电力库模式；安大略省市场运营商为IESO，市场模式为拥有双边合同、购电协议（PPA）、管制性电价和实时电能市场的电力库；新不伦瑞克省运营机构为新不伦瑞克电力公司，市场模式为有再调度市场的物理双边市场模式；对传统电力工业省份，市场模式为采用双边合同的集中管理模式。

2.1 加拿大电力市场化改革进展概况

2.1.1 政策法规

加拿大安大略省政府宣布了一系列旨在降低用户用电成本和改革安大略省能源委员会（Ontario Energy Board，OEB）结构的计划。2019 年 3 月 21 日，安大略省政府宣布了 OEB 内部行政结构及职能调整，将节能及用户需求管理（Conservation and Demand Management，CDM）从电力零售商转移到 IESO，政府将逐渐关闭公平水电计划（Fair Hydro Plan，该计划为符合条件的用户降低 25%的电价，同时保证应付给发电商的金额不变）等计划。这些计划大部分将通过 87 号法案（House of Commons of Canada，Bill C-87）中提出的立法修正案（该修正案将修订《OEB 法》《电力法》和《公平水电计划法》）来实施，而其他个别变更将通过监管和政策更新来实施。

2.1.2 电力发展

（一）电源发展

截至 2018 年底，加拿大的装机容量达到近 146GW，2018 年加拿大各电源类型装机容量及占比见表 2-1。总体来看，水电仍然是电力的主要来源，占总发电量的 55.1%。天然气发电、核电与煤电装机容量占比较大，风电、太阳能发电、生物质发电等非水电新能源发电装机占比较小。

表 2-1　2018 年加拿大各电源类型装机容量及占比❶

电源类型	装机容量（GW）	占比（%）
水电	80.4	55.1

❶ 数据来源：NEB. Canada's Energy Future 2018。

续表

电源类型	装机容量（GW）	占比（%）
天然气发电	21.5	14.7
核电	14.3	9.8
风电	11.9	8.2
煤电	9.5	6.5
燃油发电	3.5	2.4
生物质发电	2.5	1.7
太阳能发电	2.3	1.6

（二）电网建设

加拿大在超高压输电方面发展较早。20 世纪 50 年代中期，随着加拿大水电站建设和输电需求增长，先后于 1954 年和 1957 年建成 275、345kV 交流系统。1965 年 11 月 29 日，魁北克水电公司的 735kV 输电线路启用投运，将电力从 Manicouagan - Outardes 水电厂输送到 600km 外的蒙特利尔市，成为世界上第一个在 700kV 以上设计和运行的超高压交流线路。截至 2019 年底，加拿大整体输电网络绵延南北，总长度超过 16 万 km，电压等级包括 735、500、345、230、138、120kV 等。

加拿大各地的公用事业公司正在持续对老化的基础设施进行维护，并建造新的电力线路和变电站，以便新一代电源的顺利接入。2018—2019 年加拿大主要输电工程项目见表 2 - 2。

表 2 - 2　　2018—2019 年加拿大主要输电工程项目

工程名称	省份	电压级别（kV）	预计投产日期	状态
Bipole Ⅲ Transmission Reliability Project（直流）	曼尼托巴	500	2020 年 7 月	2018 年 7 月已完工
Manitoba - Minnesota Transmission Project（交流）	曼尼托巴	500	2020 年 6 月 1 日已投产	已投产
Labrador - Island Transmission Link（直流）	纽芬兰 - 拉布拉多	450	2021 年	2017 年底已完工，正在进行线路检查调试

续表

工程名称	省份	电压级别（kV）	预计投产日期	状态
Fort McMurray West Transmission Project（交流）	阿尔伯塔	500	2019 年 3 月 28 日已投运	已投运
Chamouchouane - Bout - De - Ille Transmission Line	魁北克	735	2019 年 7 月 11 日已投运	已投运
Romanie Complex Transmission Line	魁北克	共 500km，包含 315kV 和 735kV 两个电压等级	2020 年下半年	工程开始于 2011 年

（三）电力供需

2018 年加拿大发电量为 654.4TW•h，可再生能源发电发电量占比达到 2/3。其中，水电发电量 387.3TW•h，占 59.2%；煤电发电量 59.3TW•h，占 9.1%；核电发电量 100.0TW•h，占 15.3%；非水可再生能源发电发电量 45.3TW•h，占 6.9%；天然气发电发电量 58.7TW•h，占 8.9%；燃油发电及其他发电量 3.8TW•h，占 0.6%。

2.1.3 市场概况

（一）电力市场建设进展情况

加拿大 2019 年电力市场建设主要事件如下：

加拿大阿尔伯塔省宣布停止实施可再生能源计划（Renewable Energy Program，REP）。2019 年 6 月 10 日，阿尔伯塔政府通知阿省电力系统运营商（AESO）停止实施可再生能源电力计划（REP），原定后续计划将不再执行。阿尔伯塔省政府提出，AESO 仍需继续监督管理前几轮 REP 中已授予的项目和合同。虽然阿尔伯塔省不再继续实施可再生能源电力计划，但仍希望未来 AESO 继续与阿尔伯塔省能源部密切合作，通过市场化方式驱动可再生能源发展，避免昂贵的直接补贴。

加拿大阿尔伯塔省宣布放弃建设容量市场，继续实行单一电能量市场。2019 年 7 月 24 日，阿尔伯塔省政府宣布，阿尔伯塔省将不会过渡到容量市场，并将继续发展单一电能量市场，其主要原因是过去运营结果证明单一电能量市场结构和管理更加简洁，能够为阿尔伯塔省提供可靠供电，这一决定已得到大多数电力利益相关者和消费群体的支持。

加拿大安大略省计划开展年度容量拍卖。2019 年 3 月 26 日，加拿大安大略省独立电力系统运营商（IESO）宣布，容量拍卖计划是其正在推行的一系列市场相关改革计划的一部分，计划开展年度容量拍卖，允许 IESO 以高成本效益方式向客户提供可靠性供电，实现资源之间的直接竞争，以降低家庭用电成本，该计划将在未来十年内使家庭电力成本降低 34 亿加元（25 亿美元）。

（二）电力市场运营情况

加拿大安大略省和阿尔伯塔省为两个典型竞争电力市场省份，其市场运营机构分别为 IESO 和 AESO，市场运营概况如下。

（1）2019 年 IESO 运营情况。

2019 年安大略省总用电量为 135.1TW•h，为近 25 年用电量第二低，比 2018 年的需求水平减少了 2.3TW•h，降幅为 1.6%。2019 年 7 月 29 日由于季节性高温达到用电需求高峰，为 21 791MW。

2019 年，安大略省超过 93%的电力来自清洁能源发电，包括核电、水电、风电和太阳能发电。核电仍然是安大略省最重要的发电方式，发电量 90.4TW•h，占总发电量的 60.9%；水电发电量 36.4TW•h，占比 24.5%；天然气发电/燃油发电发电量 9.5TW•h，占比 6.4%；风电发电量 11TW•h，占比 7.4%；生物质发电发电量 0.4TW•h，占比 0.3%；太阳能发电发电量 0.7TW•h，占比 0.5%。

安大略省作为北美大型互联输电系统的一部分，通过进出口电力持续维持输电系统可靠性和运营经济效率。出口电力有助于提供额外收入，降低安大略省消费者用电成本；进口电力有利于满足省内用电需求。2019 年，安大略省进口电量 6.61TW•h，出口电量 19.78TW•h，全年出口电量大于进口电量。

2019 年，IESO 节能项目主要侧重于支持安大略省内企业以及符合低收入条件用户和原著居民用户，共节省电能 0.93TW•h。自 2015 年以来，省内配电公司和 IESO 提供的节能项目节省电能超过了 7.4TW•h。

（2）2019 年 AESO 运营概况。

2019 年，阿尔伯塔省批发电力市场共有 194 个市场主体参与电能交易，交易额约 70 亿加元。批发电力市场年平均上网电价同比 2018 年增长 9%，达到 54.88 加元/（MW•h）。天然气平均价格上涨 17%，为 1.69 加元/GJ。

2019 年，阿尔伯塔省内平均负荷为 9695MW，同比 2018 年减少了 0.5%，其中冬季高峰负荷为 11 698MW，夏季高峰负荷为 10 822MW。

2019 年，阿尔伯塔省总装机容量为 16 532MW，较 2018 年增长 3%，装机容量增长主要来自新增的 336MW 风电装机，2019 年阿尔伯塔风电装机 1781MW，较 2018 年增长 23.3%。总体来看，燃煤发电仍承担阿尔伯塔省大部分负荷供电服务。天然气发电在阿尔伯塔省内供电占比为 43%，相比 2018 年增长 1%。

阿尔伯塔省电价相对于邻近的不列颠哥伦比亚、萨斯喀彻温等省较高，因此倾向于从邻省进口电力，以降低用电成本。2019 年，阿尔伯塔省全年进口量大于出口电量，进口电量较 2018 年下降 37%。出口电量下降 16%。

2.1.4　电力价格

由于多种因素，加拿大各地的电价存在差异，其中最重要的影响因素是市场结构和可用发电类型。从市场结构来看，阿尔伯塔省为竞争性电力市场，其电力价格是以市场为基础的；安大略省已对其电力市场进行了部分重组；而在其他省份和地区，电价大多由电力监管机构制定。从可用发电类型来看，可用发电的类型及发电成本因省份或地区而异，水电是加拿大主要电力供给中成本最低的。

影响电力定价的重要因素除了市场结构和发电成本外，还有输电成本和当地配电成本。这些成本在加拿大各地各不相同，这取决于地理位置和人口密度等因素。

（一）批发电价

根据阿尔伯塔省和安大略省的市场运营机构 AESO、IESO 的年度市场统计报告，2019 年两省批发市场电价情况如下：

阿尔伯塔省 2019 年的批发平均电价为 5.488 加分/（kW·h），较 2018 年增长了 9%。阿尔伯塔省电价按时段每天分为高峰时段和非高峰时段，高峰时段为 7：00～23：00；其他剩余时间构成了非高峰时段。2019 年，高峰时段的平均电价上涨 8.2%，达到 6.412 加分/（kW·h），非高峰时段的平均电价上涨 12.1%，达到 3.640 加分/（kW·h）。

安大略省电价费用包括两部分，一是安大略省每小时电能价格（Hour Ontario Electricity Price，HOEP），即加权平均批发市场价格；二是全网调节（Global Adjustment，GA）费用。GA 费用包括在该省新建的电力基础设施成本，以及为确保长期足够的电力供应安大略省提供的节能计划费用。为应对 HOEP 的变化，GA 费用每月核定一次，且每月都不同。一般来说，当 HOEP 较低时，GA 费用会比较高，以弥补受管制发电和合同发电影响所产生的成本。2019 年安大略省加权平均批发电价，即安大略省每小时电能价格（HOEP）为 1.83 加分/（kW·h）。2019 年 B 类用户（峰值需求为 50kW～5MW 的客户为 B 类用户，该类用户通常会在其当地配电公司的定期计费周期内支付 GA 费用）GA 费用为 10.8 加分/（kW·h）。B 类用户的总电价为 HOEP 和 GA 费用之和，即 12.63 加分/（kW·h）。

（二）零售电价

2015—2019 年加拿大各省主要城市居民电价和大工业用户平均电价见表 2-3、表 2-4。2019 年，加拿大大工业电价最低的是魁北克省的蒙特利尔，价格为 5.20 加分/（kW·h）；大工业电价最高的是阿尔伯塔省的埃德蒙顿，价格为 12.80 加分/（kW·h）。对于居民电价，2019 年价格最低的为魁北克省的蒙特利尔，价格为 7.30 加分/（kW•h）；价格最高的为爱德华王子岛省的夏洛特镇，为 16.83 加分/（kW•h）。

表 2-3　2015—2019 年加拿大主要城市居民电价　加分/（kW•h）

加拿大主要城市	2015 年	2016 年	2017 年	2018 年	2019 年
蒙特利尔（魁北克）	7.19	7.23	7.07	7.13	7.30
卡尔加里（阿尔伯塔）	11.66	10.40	10.45	15.79	15.74
夏洛特镇（爱德华王子岛）	15.62	16.02	16.42	16.83	16.83
埃德蒙顿（阿尔伯塔）	11.55	10.37	10.34	14.35	14.68
哈利法克斯（新斯科舍）	16.03	15.88	16.15	16.41	16.69
蒙克顿（新不伦瑞克）	12.30	12.50	12.97	12.97	13.10
温太华（安大略）	14.86	16.15	15.21	12.16	12.04
里贾纳（萨斯喀彻温）	14.37	14.65	15.94	16.51	16.51
圣约翰（纽芬兰-拉布拉多）	11.55	11.96	11.15	12.03	12.80
多伦多（安大略）	14.31	17.81	16.32	13.24	13.89
温哥华（不列颠哥伦比亚）	10.29	10.70	11.08	11.42	11.62
温尼伯格（曼尼托巴）	8.11	8.43	8.71	9.00	9.37

表 2-4　2015—2019 年加拿大主要城市大工业用户平均电价　加分/（kW•h）

加拿大主要城市	2015 年	2016 年	2017 年	2018 年	2019 年
蒙特利尔（魁北克）	5.17	5.17	5.18	5.18	5.20
卡尔加里（阿尔伯塔）	4.76	4.82	6.09	8.32	11.97
夏洛特镇（爱德华王子岛）	8.90	9.12	9.31	9.51	9.51
埃德蒙顿（阿尔伯塔）	6.97	6.78	7.68	8.53	12.80
哈利法克斯（新斯科舍）	10.02	10.02	10.14	10.26	10.39
蒙克顿（新不伦瑞克）	7.48	7.60	7.86	7.86	7.93
温太华（安大略）	9.30	12.91	12.46	10.80	11.57
里贾纳（萨斯喀彻温）	7.81	7.97	8.67	8.98	8.98
圣约翰（纽芬兰-拉布拉多）	8.65	7.88	6.95	7.84	8.52
多伦多（安大略）	9.22	13.04	14.55	10.66	11.91
温哥华（不列颠哥伦比亚）	7.04	7.35	7.54	7.77	7.91
温尼伯格（曼尼托巴）	4.67	4.85	5.01	5.18	5.39

2.2 加拿大电力市场化改革相关事件分析——加拿大水电参与电力市场机制分析

2.2.1 加拿大水电分布情况

（一）各省水电装机情况

加拿大共有10个省和3个地区，其中10个省按照其省份特点分为水电为主省份、市场重组省份、传统电力工业省份三类。各类省份水电分布情况如下：

水电为主省份：水电主要分布在不列颠哥伦比亚、曼尼托巴、魁北克、纽芬兰-拉布拉多等省份，水电占比分别约为89%、99%、97%、97%。由于水电占比大、电能价格低，缺乏市场改革动力。

市场重组省份：主要为安大略省、阿尔伯塔省，水电装机占比较小，分别约26%和5%。截至2019年底，安大略拥有66个水电站，包括29台小水电机组、241座大坝，分布在24条水域，装机总容量8872MW；阿尔伯塔省共有23个小型水电站，装机总容量为900MW。

传统电力工业省份：包括萨斯喀彻温、新斯科舍、爱德华王子岛等省份，这些省份系统规模小，以热电生产为主，水电占比很小，以发输配售垂直一体化的公共事业公司为主导。

（二）加拿大典型大型水电站情况

加拿大是一个水电超级大国，拥有丰富的水电自然资源，举世闻名。从20世纪50年代开始，加拿大不断建设水电大坝，迄今已发展成为数十亿美元产业。加拿大60%的水电来自航运水路，仅次于中国。加拿大十大典型水电站信息见表2-5。

表 2-5　　加拿大十大典型水电站信息

水电站名称	特点	地点	建造时间	建造成本（亿美元）	装机容量（MW）
Centrale Robert - Bourassa	加拿大规模最大	魁北克	1974—1981	38	7722
Churchill Falls	北美第二大地下水电站	纽芬兰 - 拉布拉多	1967—1974	9.46	5428
La Grande - 4	加拿大第三大水电工程	魁北克	1974—1986	—	2779
WAC Bennett Dam	世界最高土石坝之一（183m）	不列颠哥伦比亚	1963—1968	7.5	2876
Revelstoke Dam	梯级水电	不列颠哥伦比亚	1984 年投运	—	2876
Beauharnois	该省最大径流式水电站	魁北克	1930—1961	—	1911
Daniel - Johnson Dam	混凝土含量少，世界同类大坝最大	魁北克	1959—1970	—	1596
Sir Adam Beck II	以安大略省水电委员会创始人亚当贝克命名	安大略	1954 年投运	—	1499
Kettle	径流式水电站	曼尼托巴	1966—1973	2.4	1220
Keeyask	与加拿大原著居民企业合作	曼尼托巴	2014—2019	65	695

2.2.2 加拿大水电参与电力市场机制

从加拿大电力现货市场开展情况来看，加拿大安大略和阿尔伯塔省拥有电力现货市场，其他省份电力市场化改革动力较小，暂不具备电力现货市场。以下分别介绍加拿大电力现货市场、非电力现货市场省份中水电参与市场机制。

（一）非电力现货省份

加拿大非电力现货省份主要包括水电为主省份，如不列颠哥伦比利亚、曼尼托巴、魁北克等。其中，水电主要通过政府管制电价或中长期双边合同集中管理模式开展交易，市场主体通过交易机构集中交易，确定最终的成交对象、成交电量和价格等。

例如，不列颠哥伦比亚省 BC Hydro 电力交易机构 Powerex 以市场形成价格为基础，根据标准买卖合同向电力购买者提供数天、数周、数月或更长时间的水电能源，以满足客户不断变化的日常和季节性能源需求。BC Hydro 通过高压输电网络将不列颠哥伦比亚省与阿尔伯塔省和美国西部其他省份连接起来，参与美国西部能量不平衡市场（EIM）。由于 BC Hydro 以水力发电为主，发电灵活性好，有利于 Powerex 在价格较低时段从市场上购买电力，并在价格较高时向市场出售电力；由于 BC Hydro 水电较美国西部省份电力具有价格优势，有利于提高 BC Hydro 售电量，提高运营收入。

（二）电力现货省份

加拿大具有电力现货市场省份主要是阿尔伯塔、安大略省。电力现货省份不同类别水电参与市场机制介绍如下。

（1）基荷供电型大型水电。该类型水电出力稳定，受天气、季节等因素影响变化小，通常按照政府管制定价，作为基荷发电。

（2）可调度大型水电。该类型水电可根据水文预测情况，确定次日水电发电计划，具有较好的水电调节能力，该类型需在市场运行机构注册为市场主体，参与市场报价，竞争发电。

（3）不可调度小水电。对径流式小水电站，由于其对来水的调节性能差，导致水电站对发电出力的调整和对负荷的适应能力低，该类水电属于不可调度水电，采用价格接受者的形式参与市场。

（4）梯级水电参与市场。安大略省存在若干梯级水电情况，梯级水电包括同一河流相邻上游或下游水电资源，梯级水电调度面临上下游水资源之间存在时滞依赖关系的问题，并且很难通过供给曲线进行管理。

安大略省运营机构（IESO）解决梯级水电调度的办法是在日前机组组合程序（Day-Ahead Commitment Programming，DACP）执行结束后，针对梯级水电情况，允许梯级水电市场主体重新修改并提交报价，以纠正 DACP 初始计算结果中不可行的梯级水电安排，确保次日梯级水电安排的可执行性。

（三）近期加拿大水电参与市场机制设计重点

近期，安大略电力运营机构（IESO）正在编制电力市场顶层设计方案及细则，其中对水电运行及参与电力市场的设计和修正重点包括以下几方面：

（1）必开水电机组功率约束。

如果电力市场机制中没有明确必开水电机组功率范围，基于市场出清结果，某些必开机组有可能被安排在低于其必须运行的最小出力水平。为降低此类风险，水电市场主体通过申报较低价格提高中标可能性，增加出力安排，这实际上在一定程度上扭曲了市场价格，不利于市场主体的利益和可持续发展。因此亟须明确必开水电机组的定义及约束，明确相关补偿机制。启用必开机组功率约束前后水电机组出力变化如图2－1所示。

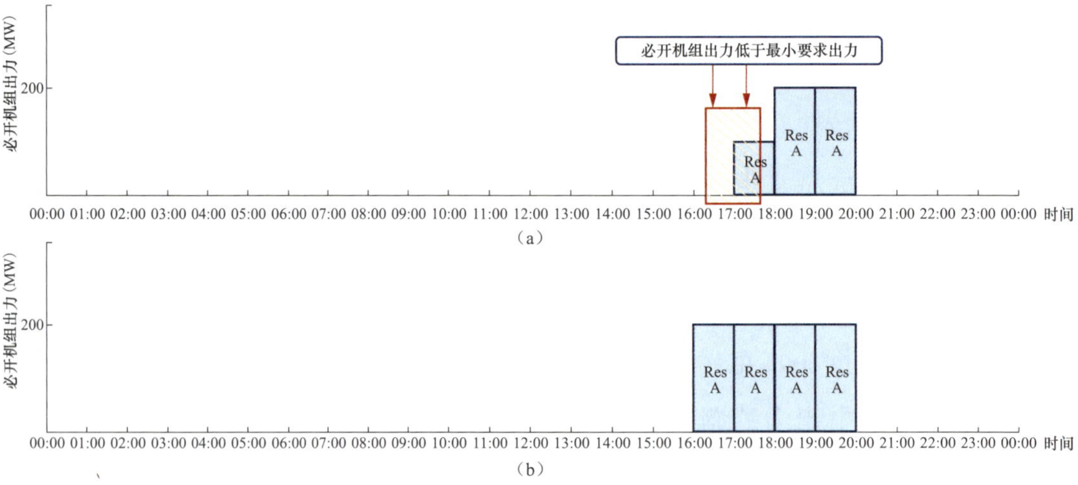

图 2－1 启用必开机组功率约束前后水电机组出力变化

（a）加入必开机组功率约束前；（b）加入必开机组功率约束后

Res A—水电机组

（2）水电启动次数约束。

水电站具有灵活调节的特点，对于调度指令能够快速响应，但如果启停次数超过机组预定义阈值时，容易导致水电资源设备故障，退出运行。因此，可通过在出清程序中加入水电站启动次数约束，确保水电机组次日出力安排可执行。启用水电机组启停次数约束前后水电机组启停变化如图 2-2 所示。

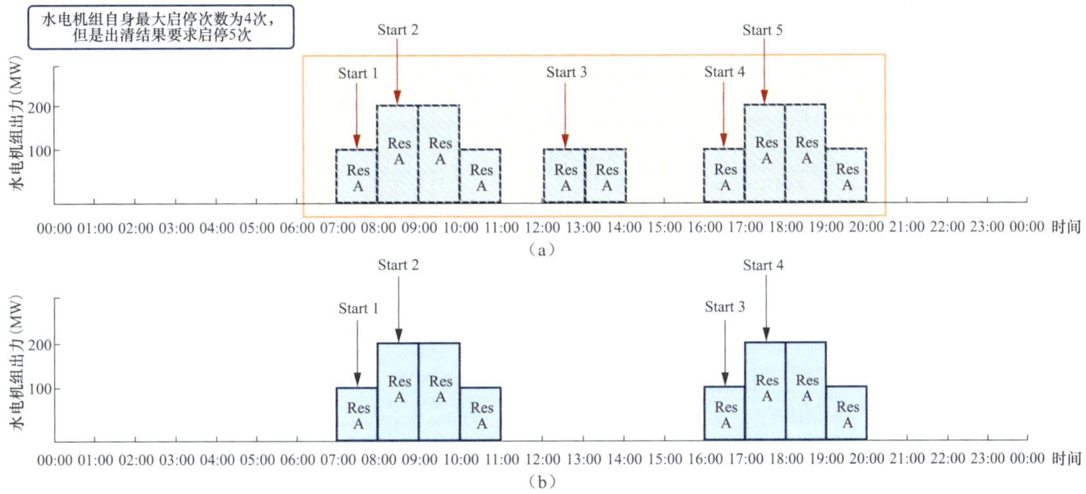

图 2-2　启用水电机组启停次数约束前后水电机组启停变化

(a) 加入水电机组启停约束前；(b) 加入水电机组启停约束后

(3) 梯级水电调度优化算法。

按照 IESO 要求采用的梯级水电二次报价的方法，一定程度扭曲了市场价格，并且赋予了水电厂一定程度的市场力，影响市场公平。因此针对梯级调度，一是 DACP 算法须对多个水电站之间的时滞依赖性、功率比等进行统一建模优化，取缔两次报价；二是 DACP 算法需具有灵活性和包容性，允许水电市场主体可以在日前临时添加或删除相互依赖关系，以反映水电系统管理情况变化。启用水电机组统一梯级调度前后水电机组出力变化如图 2-3 所示。

(4) 水电运行禁区约束。

水电运行禁区是指水力发电机组按照 DACP 出清结果安排出力，但无法保证持续运行并造成设备损坏的某个运行功率范围。DACP 在日前市场出清需考虑水电运行禁区，确保水电机组不被调度到实际无法运行的水平。启用水电运

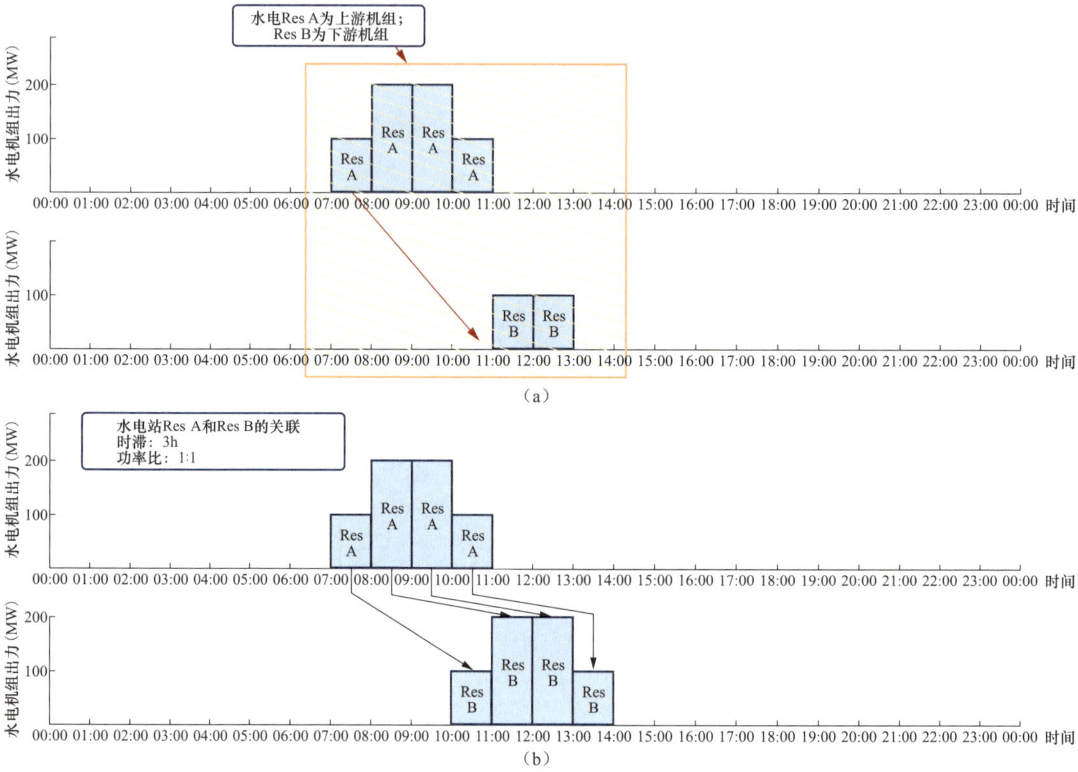

图 2-3 启用水电机组统一梯级调度前后水电机组出力变化

(a) 启用统一梯级调度算法前；(b) 启用统一梯级调度算法后

行禁区约束前后水电机组出力变化如图 2-4 所示，若水电机组出清功率为 40～85MW，可能对机组造成损坏。在加入水电运行禁区约束后，水电出清功率只会小于 40MW 或者大于 85MW，不会落在禁区内。

(5) 不同水量的机会成本。

环境和监管条件可以限制水电站在一天内不同时段用于生产电能的水量。对于这种有限的水力发电能力，其水力价值是基于机会成本原则衡定的，即在特定时间以特定价格利用有限的水电资源，或将其储存起来以供将来以更高价格使用。通常，一个水电站每日发电量可以由具有不同机会成本的多个水量组成，例如，必须在短期内使用的水量（如径流式水电）与可储存在前池中以备将来在价格较高时使用的水量（如抽水蓄能）相比，机会成本相对较低。

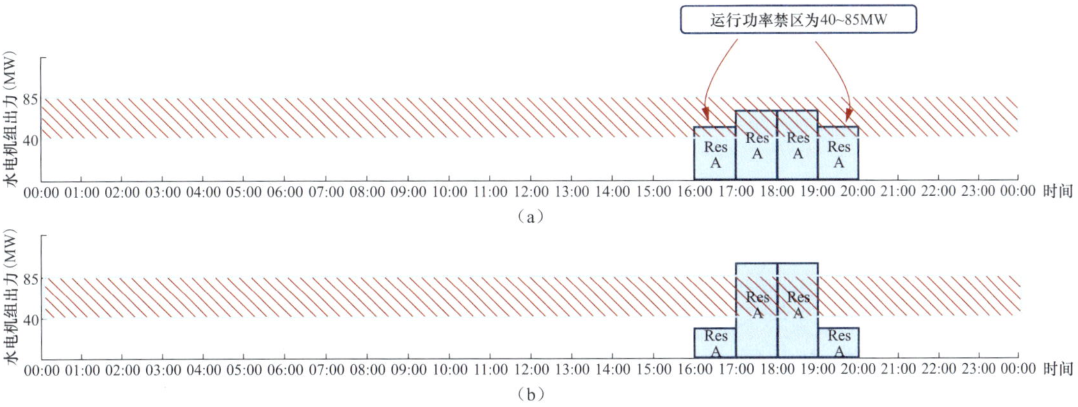

图 2-4　启用水电运行禁区约束前后水电机组出力变化

（a）启用运行禁区约束前；（b）启用运行禁区约束后

水电站可通过提交一个每日电能量生产限额（Daily Energy Limit，DEL），供 DACP 和预调度使用，确保水电站不会被超额调度。但是，单一限额不能统一代表同一个水电站的不同水量，无法识别有限水资源的不同机会成本，影响水电资源调度效率。为表示具有不同机会成本的多个水量，需改进日前出清算法，允许水电站对不同水量指定多个电能量生产限额（DEL），提高优化效率。

2.2.3　相关启示

加拿大水电参与电力市场的特点总结如下：

一是加拿大以水电为主的非电力现货省份，主要通过政府管制定价或中长期双边合同等方式开展水电交易。加拿大电力现货省份的水电资源按照调度能力分为可调度和不可调度类型，可调度水电资源在日前市场通过竞价方式参与市场。其中允许梯级水电在日前市场出清结束后，进行二次报价，以确保日前调度计划可执行；不可调度水资源一般作为价格接受者参与市场。

二是在电力市场顶层设计方案中充分考虑水电参与市场机制。加拿大安大略省 IESO 近期正在编制电力市场顶层设计方案及细则，其中对于水电参与电力市场的设计重点主要包括必开水电机组功率约束、水电启动次数约束、梯级水电调度优化算法、水电运行禁区约束、水电不同水量机会成本等。一是为了优化水电调度计划安排方式，确保计划安全可靠、可执行；二是真实反映不同类型水电在电能量市场中的时空价值，形成合理的价格信号，引导水电行业可持续发展。

我国四川、湖北、青海等省水电占比较高，水电装机容量超过本省总发电装机容量的30%。建议我国水电占比较高省份在设计市场机制时，借鉴加拿大安大略省在设计水电参与市场机制时主要考虑的关键因素。**市场主体方面，**考虑调节能力、水电规模等明确水电分类分批进入市场顺序和方式，探索梯级水电优化调度及其联合参与市场交易机制；**竞争机制方面，**针对丰水期和枯水期分别设计交易机制、明确交易空间，建立健全市场环境下水电综合利用规则和参与市场的竞争机制，提前预测和规划水电综合利用任务并作为边界约束；**交易品种方面，**建立水电辅助服务补偿和偏差电量市场化处理机制，探索建立面向库容水电、火电的容量市场，容量补偿机制。

3

欧盟电力市场化改革最新进展

欧盟电力市场化改革主要历程

1996 年 欧盟发布“电力市场化改革法令”(96 法令)，要求各国实施电力市场化改革，开放用户选择权，推进欧盟统一电力市场的建立。

2003 年 欧盟发布“电力市场化改革第二法令”(03 法令)，加大了推进欧盟统一电力市场建设力度。

2005 年 欧盟委员会提出了通过建立区域电力市场来推进统一电力市场建设的战略报告，并将欧盟划分为 7 个区域电力市场。

2007 年 欧盟委员会发布有关电力和天然气市场化改革的“第三议案”草案，主张“将生产和供应从网络经营活动中有效分离”，实现彻底的产权拆分。

2008 年 欧盟理事会通过了电力及天然气的改革方案，达成了引入“独立输电（输气）运行机构”方案的协议。

2009 年 欧洲议会通过“第三能源法案包”(third energy package)，这标志着独立输电（输气）运行机构（ITO）方案正式开始实施。

2011 年 欧盟委员会明确提出 2014 年之前建成欧盟内部的统一能源市场的目标。

2013 年 欧盟委员会发布如何规范成员国对电力市场实施干预的指导方针。

2014 年 西南欧和西北欧区域日前电力市场实现联合出清。

2015 年 欧盟委员会宣告欧洲能源联盟正式成立，通过了能源联盟的战略框架；欧盟委员会发布《新型能源市场设计报告（征询意见)》，推动建立适合欧洲能源联盟的新型电力市场机制。

2016 年 欧盟委员会发布了促进欧洲清洁发展的一揽子措施。主要包括三个目标：实现能效优先、推动建立欧盟在全球可再生能源发展中的领导地位、为用户提供公平交易环境。作为一揽子举措的重要组成部分，欧盟委员会提出了新的电力市场规则设计建议。

2018 年 欧洲跨境日内市场正式上线运行。

背景阅读：欧盟电力市场概况

1. 电力工业结构

欧盟成立欧洲输电网运营商（European Network of Transmission System Operators，ENTSO-E）、欧洲能源监管机构合作委员会（Agency for the Co-operation of Energy Regulators，ACER）和欧洲能源监管机构理事会（Council of European Energy Regulators，CEER），其作为促进各国输电运营商或能源监管机构协调合作的组织，对整个欧盟的电力市场及电网运行进行监督和指导。欧洲各国的电网调度机构一般设置在电网公司，称为输电运营机构（Transmission System Operator，TSO），通常与电力市场运营机构相独立。

2. 电力市场模式

欧洲各国较为典型的电力市场模式主要包括中长期双边市场、现货市场及实时平衡市场。其中，中长期双边交易形成的合约需要物理执行，不同国家中长期双边物理合约形成的电能占总执行电量的40%～90%，其余执行电量由现货市场出清形成；此外，期货、期权等金融性质的交易也是欧洲电力市场的重要组成部分，市场主体通过参与金融交易规避市场风险或投资营利。

欧洲电力市场经历了由各国、各地区独立电力市场向欧洲统一电力市场发展的过程。在统一电力市场中，市场主体通过场外交易形成双边物理合约，通过本国交易机构或联合交易所的分支机构申报现货交易需求，在各国输电运行机构协调跨境输电通道容量作为约束的情况下，由欧洲电力交易所（European Power Exchange，EPEX）、北欧电力交易所（Nord Pool）等多家跨境交易机构轮值对跨境交易需求进行优化出清。随着欧洲跨国电网建设规模的扩大、统一电力市场规则和交易方式的完善，欧洲统一市场成员国数量也逐步增多。统一市场的建设将有利于提升欧洲整体电力市场效率，增加清洁能源在电力消纳中的占比。

3.1 欧盟电力市场化改革进展概况

3.1.1 政策法规

2019 年 12 月，欧盟委员会发布《欧洲绿色协议》，旨在 2050 年实现欧洲温室气体净零排放。《欧洲绿色协议》为 2050 年实现欧洲温室气体零排放设计了路线图，提出大力发展可再生能源技术、实现公共交通低碳化、改造节能建筑等具体措施。在电力市场领域，《欧洲绿色协议》强调欧洲电力市场需要实现集成化、互联化、数字化，以提供清洁、低价、安全的能源为目标不断优化机制设计。

2020 年 3 月，欧盟能源监管合作机构（ACER）出台电力风险防控政策，以提高欧盟区域性电力事故的预防、处理能力。ACER 出台两项关于加强欧盟电力风险预防监管的方案，第一项方案是明确电力事故场景设定职责，由欧洲输电网运营商（ENTSO-E）和各国家级的输电网运营机构，分别预设区域和国家两个层级的电力事故场景，作为后续相关机构进行事故处理的基础；第二项方案是考虑半年至日前的各时间尺度下对系统安全裕度可能的影响因素，建立从长期到短期、从欧盟到国家各层级的电力系统安全裕度评估体系。

2020 年 6 月，欧盟通过立法进一步落实欧洲清洁能源一揽子计划。欧洲计划在 2030 年实现可再生能源发电占比由 25%提高至 50%；发展可再生能源的同时，还要求传统机组在可再生能源出力为零的情况下充分满足欧洲负荷需求，从而保障电力供应的可靠性。因此电力市场既要能够促进可再生能源的消纳，也要能够吸引传统电源投资，还要对用户侧灵活性提供激励，这是未来欧盟市场规则改进的目标。2019 年，欧盟通过作为清洁能源一揽子计划组成部分的一系列法案来促进新的市场规则落地实施。

3.1.2 电力发展

近年来，欧盟致力于推动跨国互联电网建设。2018 年，覆盖欧洲绝大多数国家（28 个欧盟成员国及 8 个非欧盟成员国）的欧洲输电网运营商（ENTSO - E）跨国输电电量达到 435TW•h，已建成高压输电线路 48 万 km。

2019 年，欧洲发电量为 10 569TW•h，其中核电 1899.4TW•h，占比 18.0%；风电 832.9TW•h，占比 7.9%；光伏发电 368.4TW•h，占比 3.5%；水电 1450.1TW•h，占比 13.7%；煤电 2333.3TW•h，占比 22.1%；燃气发电 3066.4TW•h，占比 29.0%。相比于 2018 年，2019 年欧洲发电构成中煤电占比进一步缩小，核电及生物质发电依然保持稳定，风电、光伏发电占比有所提升。2019 年欧洲月度发电情况如图 3 - 1 所示。

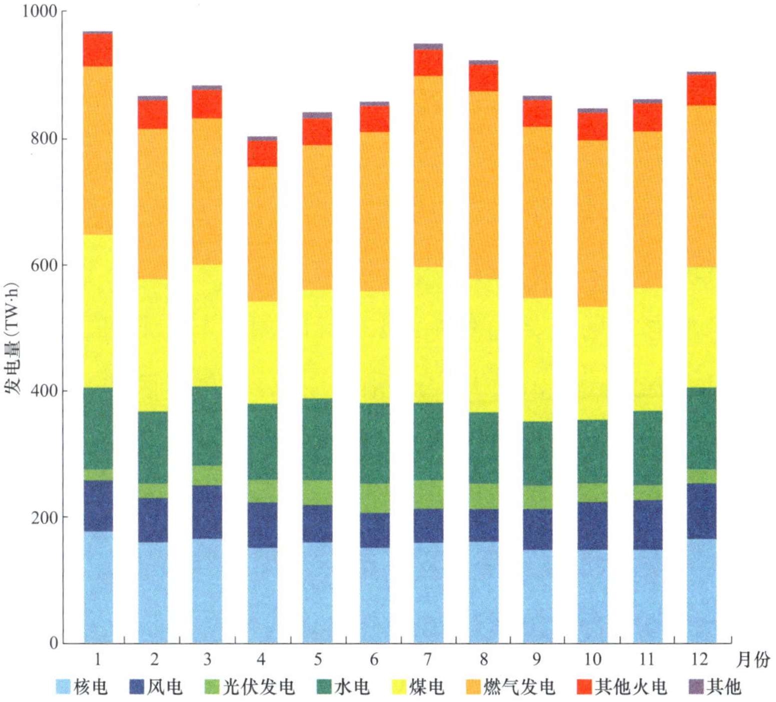

图 3 - 1 2019 年欧洲月度发电情况

3.1.3 市场概况

（一）电力市场结构变化情况

2019 年 12 月，泛欧证交所（Euronext）收购北欧电力交易所（Nord Pool）66%股份。泛欧证交所是由阿姆斯特丹、巴黎、布鲁塞尔 3 家证券交易所以合并方式设立的欧洲证券交易机构，主要运营股票及其衍生品市场，通过收购 Nord Pool 股份开展金融交易之外的实物（电力）交易，实现收入结构多元化，也促进其进一步开拓北欧业务。Nord Pool 通过股权交易逐步实现其前沿技术的推广，推动国际化业务发展。截至 2020 年 6 月，北欧及波罗的海输电运营商仍持有 Nord Pool 部分股份。

（二）电力市场建设进展情况

健全完善灵活性资源参与市场的交易机制。2019 年 2 月 5 日，电网运行机构 Avacon Netz、EWE Netz、TenneT 以及电力交易机构 EPEX SPOT 联合建立用于解决输电网阻塞的地区性灵活资源市场化交易平台。该举措是 SINTEG 项目（智慧能源）的组成部分，能够为灵活资源在 EPEX SPOT 进行短时间尺度下的调节提供市场化手段，以解决德国北部风电资源聚集区向南部主要负荷区输送电能时出现的各电压等级网络阻塞问题。

进一步丰富电力市场交易品种。2019 年 12 月 4 日，EPEX SPOT 和英国电网调度机构（Electricity System Opertator，ESO）在英国成功建立频率响应竞价市场。该市场的建立表明在接近实时的时间尺度下，除传统调频机组外，通过合理的机制设计也可以使新能源发电机组参与频率响应。

推动多个电力交易机构的联合竞争运行。2020 年 6 月 5 日，EPEX SPOT 宣布北欧多交易机构联合竞争运行框架下的日前耦合市场上线运行成功。北欧多交易机构（Nordic Multi - NEMO Arrangement project）框架允许在一个耦合市场中，多个竞争性的交易机构可以同时存在并出清形成统一的电价，与此同时可通过服务和收费的竞争为市场交易用户提供益处，且在此过程中不会导致耦合市场的分裂。在此背景下，EPEX SPOT 可以作为交易平台之一参与北欧电力市场。

（三）电力市场运营情况

2019 年欧洲总交易电量为 11 847TW•h（包括期货交换电量），由于经济低迷等原因，相比 2018 年降低 5%。大部分国家和地区都出现了交易电量的下降，其中降幅最大的比利时下降幅度达 42%，此外北欧市场降低 11%、荷兰下降 10%；西班牙则出现了较为明显的提升，升幅达 17%。诸多国家出现了部分场外双边交易被平台交易替代的趋势，平台交易电量占比由 2018 年的 29% 提升至 2019 年的 32%；其中，由于市场参与方抵御经济风险的需要，期货交易增加是平台交易占比提升的重要因素。

欧洲统一现货市场 2019 总计达成交易电量 593.2TW•h，比 2018 年增长 4.6%。其中日前市场交易电量 501.5TW•h，比 2018 年增长 3.5%；日内市场交易电量 91.7TW•h，比 2018 年增长 11.3%。2018、2019 年欧洲统一市场各典型国家日前市场交易电量情况见表 3-1。

表 3-1　2018、2019 年欧洲统一市场各典型国家日前市场交易电量情况

国家		2019 年交易电量（MW•h）	2018 年交易电量（MW•h）
总交易电量		593 235 359	567 332 323
日前市场总交易电量		501 568 782	484 987 351
德国、奥地利、卢森堡	奥地利价区	28 767 100	9 918 105
	德国-卢森堡价区	226 409 824	55 498 741
	德国-奥地利-卢森堡价区	0	169 131 141
比利时		18 408 881	25 930 653
瑞士		26 550 643	23 590 331
法国		113 163 359	113 757 856
英国		52 797 929	49 783 175
荷兰		35 471 046	37 377 349

3.1.4 电力价格

2019 年欧盟批发（日前）市场电价整体低于 2018 年电价，在各典型电力市场国家中处于较低水平。欧盟日前市场电价降低，与欧盟煤、天然气等一次能源价格的走低趋势有关。2017—2019 年欧盟与各国日前市场月平均电价对比如图 3-2 所示。

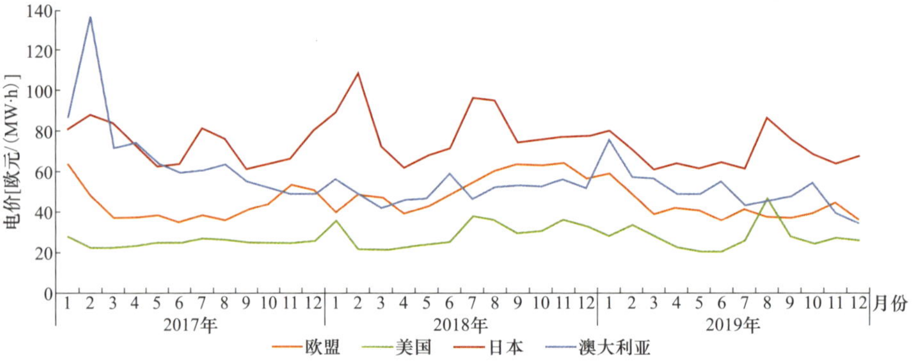

图 3-2 2017—2019 年欧盟与各国日前市场月平均电价对比

2018—2019 年欧盟工业用户零售电价基本保持稳定。2019 年欧盟零售电价（工业用户价格）比 2018 年略有所增长但仍保持在 100 欧元/（MW·h）左右，且在各主要电力市场国家中位于较高水平，2018—2019 年欧盟及各国工业用户零售电价对比情况如图 3-3 所示。

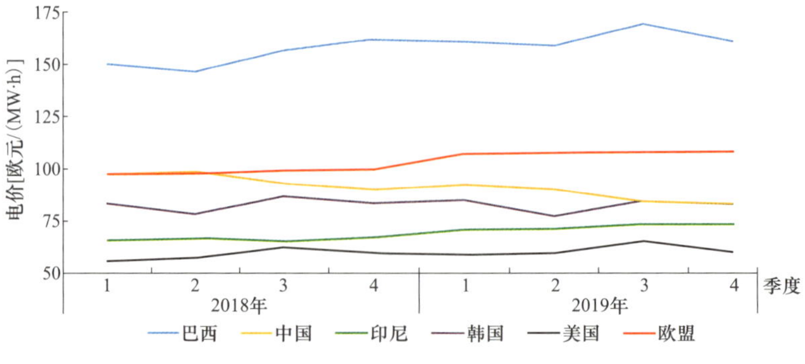

图 3-3 2018—2019 年欧盟及各国工业用户零售电价对比情况

3.2 欧盟电力市场相关事件分析——伊比利亚电力市场建设及对我国的启示

伊比利亚电力市场由葡萄牙和西班牙两国合作建立，市场交易范围为葡萄牙和西班牙两国。电力总装机容量约119.6GW，其中火电、水电、新能源发电分别占总装机容量的21.8%、10.2%、29.5%，两国通过9回联络线实现电力互联，联络线功率交换能力大于2GW。截至2020年6月，伊比利亚电力市场已加入欧盟统一电力市场运作，实现了与欧盟其他国家的日前和日内耦合。

3.2.1 伊比利亚电力市场建设历程

1998年，西班牙和葡萄牙两国政府提出联合建设伊比利亚电力市场（Iberian Electricity Market，MIBEL）的设想。

2001年11月，两国签署合作协议，明确建设伊比利亚电力市场的共同原则。

2004年10月，两国签署合作协议，决定共同建设伊比利亚电力市场。

2007年7月1日，伊比利亚电力市场正式成立并投入运营。

随着欧洲统一电力市场的建设，伊比利亚电力市场已实现与法国、德国、意大利、北欧等欧洲主要电力市场的日前和日内耦合，实现了联合优化出清。

3.2.2 伊比利亚电力市场现状

伊比利亚电力市场由西班牙电力交易机构（和葡萄牙电力交易机构）负责联合运行和管理。其中西班牙电力交易机构负责伊比利亚电力现货市场的运营，葡萄牙电力交易机构则负责伊比利亚电力期货市场的运营。

从时间尺度上，伊比利亚电力市场可分为中长期市场、日前市场、日内市场和实时市场。此外，该市场还包含辅助服务市场。

（一）中长期市场

中长期市场主要开展日以上的中长期电力交易，签订中长期交易合同，以避免自由市场所带来的短期价格的不确定性。主要交易形式包括差价合约（CfD）和输电权交易。

差价合约遵循多退少补的原则，且规定了财务结算方式和适用区域。由于伊比利亚市场由葡萄牙和西班牙两个独立区域组成，发电商和电力用户只能在各自区域内签订差价合约，不允许跨区域签订差价合约。

输电权包括物理输电权和金融输电权两种，葡萄牙和西班牙的输电网运营商通过协商确定输电线路容量分配方法，输电权分配在统一分配平台上进行。对物理输电权而言，如果在区域A持有物理输电权的用户参与区域B的市场活动，就可以签订区域A和B之间的双边物理合约；如果市场参与者没有物理输电权，那么实际使用该输电线路时将根据相关规定，按照多退少补的原则支付或收取区域间电价差。对金融输电权，持有金融输电权的交易商不能授权任何物理输电权，但是可以参与两个区域间由于电价差异导致的阻塞盈余分配。

（二）日前市场

2014年5月前，伊比利亚电力市场的日前市场一直以完全耦合模式运行（联络线容量价格为零）。在这种机制下，伊比利亚市场参与者在12：00（中欧时间）以前向伊比利亚市场的交易平台发送其购买和出售第二天的24h电力的投标信息。

西班牙电力交易机构负责日前市场的运行管理与出清。当市场出清结果生成的葡萄牙和西班牙跨境潮流低于电网运营商确定的可用容量时（无阻塞），葡萄牙和西班牙采用统一边际电价模式。当联络线可用容量不满足市场出清结果的要求时则会发生市场阻塞，跨境容量被设置为可用容量值上限，葡萄牙和西班牙采用分区电价模式。

2014年5月后，伊比利亚电力市场加入欧洲统一电力市场，并基于EU-PHEMIA（European Union Pan - European Hybrid Electricity Market Integration Algorithm）算法与北欧、中西欧实现了日前市场的联合出清和价格耦合，截至2020年6月，欧洲实现区域价格耦合（Price Coupling of Regions，PCR）的成员包括北欧、中西欧和西南欧的绝大部分国家。

（三）日内市场

在日前交易市场结束后，市场参与者还可通过日内市场进行电力交易。在日内市场中，市场参与者有6次交易机会对其在日前交易市场制定的交易方案进行调整。

2018年6月，欧洲统一电力市场正式启动欧洲跨境日内市场耦合项目（Cross-Border Intraday，Coupling，XBID）运营。伊比利亚电力市场（西南欧区域）实现了与中西欧和北欧电力市场的日内耦合。截至2020年6月，XBID已在北欧、中西欧和西南欧等绝大部分欧洲国家实施。

（四）实时市场

在实际电力系统运行中，系统运营商必须确保任何时刻供需平衡。因此，具有竞争性的电力市场通常具有平衡机制，保证系统运营商可以采取适当措施维持实时供需平衡。

在伊比利亚电力市场，由日前市场得到基本日计划，并与双边合同叠加形成最终基本日计划。系统运营商审核最终基本日计划的技术可行性，必要时启动竞争性市场机制来解决技术性约束，提出可行日计划。其后市场参与者方可进入当日交易市场，每一段当日交易期将产生增额日计划，结合可行日计划，产生最终小时计划。

在市场交易结束后，发电机出力只根据系统运营商要求进行调整。任何由系统运营商提出的因实时约束或系统调节引起的计划变更都会体现在最终小时计划中，从而形成小时实施程序。为保证电力系统的最终供需平衡，系统运营商可调用上调/下调备用，上调/下调备用一般由可控性较好的常规火电机组和水电机组提供。

2014年以前，葡萄牙和西班牙的平衡市场（实时市场）只对本国开放。

2014 年 6 月后，葡萄牙、西班牙和法国的电网运营商之间启动了跨境平衡服务交易 BALIT 项目。在该项目中，三国电网运营商将会给相邻国家的电网运营商提供其自身系统剩余的上调/下调备用。

截至 2020 年 6 月，欧洲统一电力市场正在推动建立跨欧洲的替代备用交易项目（Trans European Replacement Reserves Exchange，TERRE），该项目由欧洲输电网运营商网络组织（ENTSO - E）主导，有望取代现有的 BALIT 机制。TERRE 成员包含葡萄牙、西班牙、法国、意大利、英国、瑞士和希腊等国家的 TSO。在 TERRE 中，各国平衡供应商聚集到一个共同的资源价值表中，根据各国 TSO 的需求，通过调用算法调用平衡资源。

（五）辅助服务市场

日前市场关闭进入日内市场后，电网调度部门会收到当日发电机组的开机和出力计划，并采取一系列辅助服务措施以保证安全可靠地供电。伊比利亚电力市场的辅助服务市场主要包括二次调频辅助服务。

二次调频是系统运营商保障有功频率的控制手段，用于保障两国间联络线的功率平衡，并在解列状态下保证两国电网的频率稳定。二次调频的中标机组和补偿价格根据辅助服务市场中发电厂报价决定。当葡萄牙与西班牙联络线功率大于 600MW•h 时，系统运营商会组织额外的二次调频市场。

3.2.3 相关启示

当前，我国电力市场建设正在快速推进，不断完善市场规则体系和建设方案。结合伊比利亚电力市场的发展历程和建设经验，我国可从中得到以下启示：

一是加快推动全国统一电力市场建设。近年来，欧盟致力于推进统一能源市场建设，伊比利亚电力市场已逐步融入欧盟统一电力市场体系进行运作。建设大范围资源优化配置的全国电力市场是我国未来必然的发展趋势，我国需要在借鉴国际经验的基础上，结合我国电源结构、电网结构、调度模式等特点对全国电力市场模式和建设路径进行科学论证和比选，进一步完善中长期与现货市场、省间与省内市场、计划与市场衔接的具体机制，对未来省内与省间市场融合发展加强顶层设计，推动打破省间壁垒，促进能源资源大范围优化配置。

二是进一步完善中长期交易机制。在现有年度、月度交易的基础上，视情况增加交易周期，进一步提高中长期市场流动性，丰富市场主体交易方式。同时，做好中长期交易与现货交易的衔接，签订带曲线的中长期交易合同，实现电量交易向电力交易转变。随着市场发展，探索在月、周等时间尺度上开展考虑省间简化通道约束的集中优化出清，提高资源优化配置效率，形成有效的市场价格信号。

三是推动构建调峰、备用省间辅助服务市场。欧盟正在推动建立跨欧洲的备用共享机制。考虑到促进新能源消纳、提升电力系统调节能力等需要，我国在推进电能量市场建设的同时，需加快建设辅助服务市场。为解决省内调节能力不足时，省间调峰、备用互济等问题，缓解电网运行备用容量短缺，可推动构建调峰、备用省间辅助服务市场，提高电网整体运行效益，进一步提升新能源消纳水平。

3.3 欧盟电力市场相关事件分析——法国容量市场机制及对我国的启示

3.3.1 法国容量市场建设背景

2014 年法国输电公司（RTE）对法国未来电力供需形势做出预测，认为受到法国加快关闭燃煤电站等能源转型战略的影响，如果发生大规模寒潮，法国将在冬季面临严重的电力短缺。为保障法国电力供需平衡，法国能源监管委员会于 2015 年 1 月开始编制法国容量市场的建设方案，经过多轮修改，2016 年

12 月欧盟委员会最终审查通过了法国容量市场的建设方案，法国容量市场于 2017 年 1 月 1 日正式启动运行。

3.3.2 法国容量市场机制设计

法国容量市场的设计目标是满足用电高峰时段的电力供需平衡，通过经济激励引导发用电双方共同采取措施保障供需紧张时段的电力系统安全稳定运行。为保障容量市场的平稳起步，法国政府在容量市场运行初期将通过管制电费划拨一定的补贴资金。

在机制设计上，法国容量市场设计以容量证书交易为核心，主要采用由容量义务方转变为容量认证方购买容量证书的方式来满足系统运行安全需要，保障系统容量的长期充裕度。在容量证书方面，拥有高可靠性的火电、核电机组为容量认证方。容量认证方通过认证后可以根据发电能力获得等量的容量证书，除此之外，需求响应服务提供商也可以根据其需求响应能力的评估认证结果获得容量证书；在容量义务方面，售电公司为容量义务方，每个售电公司都需要根据所签约电力用户的最大用电负荷，从容量市场中购买足够的容量证书以保证其在用电高峰时段供电的安全性。

在运营方式上，法国输电公司作为法国容量市场的运营机构承担两方面责任：一是负责容量证书的认证和发放；二是负责监督售电公司足额购买容量证书。

在经济收益上，容量的提供方（发电商、需求响应服务商等）可获得容量证书出售的收益和政府补贴，并根据经济激励进一步加大中长期电源投资建设；售电公司承担容量证书的购买成本，以价格套餐等形式将容量成本传导给电力用户，通过价格信号引导电力用户改变用电习惯，优化用电需求。由于售电公司需购买满足最大负荷需求的容量证书，从而可以保证法国电力容量的充裕性，不会因发电能力不足而产生供需紧张问题。容量被实际调用时，发电商和需求响应服务商还可以额外获得容量调用所对应的电能量收益，售电公司和电力用户则需要承担实际调用容量的经济成本。

在运营效果上，2016 年 12 月 15 日，法国输电公司组织了首次法国容量市场拍卖，成交容量共计 22.6GW，同时根据成交结果，法国能源监管委员会确定了容量市场参考价格为 10 000 欧元/MW，作为后续容量市场交易的参考。2019 年 1 月 10 日，由于供需失衡，法国电网频率从额定的 50Hz 降低至 49.82Hz，输电公司紧急启动了低频减载需求响应，由经过容量认证并售出容量证书的需求侧响应主体兑现容量服务，利用直接负荷控制切除了 1.5GW 可中断负荷，有力保障了电力系统供需紧张时的安全稳定运行。

3.3.3 法国与英国、美国容量市场的对比分析

英国容量市场：交易流程主要包括容量定额❶、资格及主市场拍卖、二级市场交易、容量交付、费用支付 5 个阶段。其中容量定额阶段由市场运营机构根据可靠性指标确定，英国主要采用变化需求曲线的方式确定容量定额；资格及主市场拍卖阶段由市场运营机构以技术中立为原则组织容量资格的认证和荷兰式拍卖❷，并最终确定容量市场的拍卖成交结果；二级市场交易阶段，中标主体在约定交付前 1 年进行拍卖以实现容量调整，英国采用单个二级市场进行容量调整交易；容量交付和费用支付阶段，中标主体根据系统运营机构指令履行容量合约并在交付年获得经济收益。

美国容量市场：由各区域电力市场的市场运营机构开展，各区域容量市场的具体机制设计存在一定差异，例如 NYISO 根据负荷服务商（LSE）容量义务确定容量定额、ISO - NE 采用系统运营商直接确定容量需求的方式、PJM 采用考虑价格弹性的容量需求确定容量定额的方式。从市场周期来看，美国有 30

---

❶ 容量定额：由系统运营商根据系统运行可靠性指标确定容量交易额度，包括目标容量和需求曲线。主要包括容量义务方式（负荷聚合商提供容量需求）、垂直需求方式（系统运营商直接预测容量需求）、变化需求方式（考虑价格弹性的容量目标）三种方式。

❷ 荷兰式拍卖：自始拍价起，报价逐次降低。

日的中短期容量市场（NYISO 采用）和 3～4 年长期容量市场（ISO - NE 和 PJM 采用），为了保障长期容量市场中容量交易调整的灵活性，相关 ISO 采用多重二级市场的方式对一级主市场的长期容量交易结果进行调整，美国采用多个二级市场进行容量调整交易。

法国、英国、美国容量市场的对比情况见表 3 - 2。

表 3 - 2　　法国、英国、美国容量市场对比情况

国家	交易方式	容量定额方式	时间尺度
法国	集中拍卖、双边交易	变化需求曲线、容量义务	4 年提前期（1 次或多次拍卖），执行年 1 次调整拍卖
英国	集中拍卖	垂直需求曲线、变化需求曲线	1 年和 4 年提前期（1 次基本市场拍卖，1 次二级市场拍卖）
美国	集中拍卖、双边交易	垂直需求曲线、容量义务	30 日至 4 年提前期不等（1 次基本市场拍卖，多次二级市场拍卖）

3.3.4　相关启示

当前，我国电力市场建设正在快速推进。随着新能源的高比例接入，火电在电力系统中的作用由提供电量逐渐转变为提供电力，因此，我国需要建立相关配套机制，适应电源结构的变化，保障火电的可持续发展。参考法国容量市场的开展情况，我国可从中得到以下几点启示：

一是逐步建立容量成本回收机制，稳步推动容量市场的建设。法国政府在容量市场运行初期，为保障容量市场的平稳起步，通过管制电费划拨一定的补贴资金。我国在容量市场建设初期，可先探索建立容量补偿机制，根据发电成本、用电需求、系统可靠性要求等因素，确定容量电价，将容量成本纳入市场运营公共服务成本，分摊至用户侧。随着市场的建设发展，逐步建立容量市场机制，通过市场化方式激励常规火电的投资建设，保障发电容量充裕度。

二是逐步引入需求侧响应等各类市场主体并将其作为容量提供方，丰富容量资源。在法国容量市场中，需求响应服务提供商也可根据其需求响应能力的评估认证结果获得容量证书。当前，随着通信、控制等技术的发展，用户侧资源正逐渐成为提升系统运行灵活性的重要组成部分。建议在传统机组外，逐步引入需求侧响应、虚拟电厂等各类市场主体，在通过一定技术认定后成为容量提供方，进一步丰富容量资源、降低容量成本。

三是多种时间尺度容量市场协调开展，并做好与电能量市场的衔接协调。 法国、英国、美国等国外典型电力市场国家中，均建立了包含不同时间周期、不同交易形式的多个容量交易市场。长期容量市场为市场主体提供稳定的投资信号和成本回收保障，中短期容量市场为容量交易提供了灵活的调整方式。建议我国随着电力市场的不断发展，逐步丰富容量市场的开展周期，并在容量市场设计过程中，考虑容量的交付时间提前量和执行时间段，与电能量中长期交易计划、现货交易申报等相互衔接。

四是逐步引导容量需求方参与容量市场，更好地体现市场各方在容量市场中的主动性。 法国容量市场中容量需求方通过申报、磋商价格的方式参与容量拍卖和双边交易。我国当前容量市场尚处于起步探索阶段，部分地区如山东，采用了将容量成本按照政府制定的容量补偿价格从用户侧收取的方式。建议我国未来可借鉴法国容量市场机制，引导容量需求方在容量市场中进行报价或通过容量义务[1]的方式从容量提供方购买容量证书，从而更好地激发容量市场活力并以市场化的方式反映容量的价值。

[1] 容量义务：电力用户等具有容量义务，即需要履行承担容量费用的义务，容量义务可由其用电规模确定。

4

英国电力市场化改革最新进展

英国电力市场化改革主要历程

1989 年 英国议会通过了《电力法（1989 年）》，开始了电力市场化改革，放开发电市场，引入竞争机制，引进外资和重组，建立了竞争性的电力库（POOL）。

2000 年 英国议会通过新公共事业法案（2000 年），实施第二轮电力市场化改革，建立新的电力交易机制 NETA（New Electricity Trading Arrangements）。

2005 年 英国政府决定将 NETA 模式推广到苏格兰地区乃至全国，称 BETTA（British Electricity Trading and Transmission Arrangements）计划。

2011 年 英国能源部正式发布了《电力市场化改革白皮书（2011）》，主要内容包括针对低碳电源引入固定电价和差价合约相结合的机制、对新建机组建立碳排放性能标准、构建容量机制等，准备启动新一轮的电力市场改革。

2013 年 英国颁布《2013 年能源法案》，计划于 2014 年全面启动新一轮电力市场化改革。

2017 年 英国电力监管机构 OfGEM 宣布将对英国国家电网公司（National Grid Company，NGC）调度职能实施法律分离。新成立的调度机构将作为英国国家电网公司的子公司，拥有独立的经营执照，于 2019 年 4 月正式运营。

背景阅读：英国电力市场概况

1. 电力工业结构

英国的电力市场监管机构为天然气和电力市场办公室（Office of Gas and Electricity Markets，OfGEM），该部门独立于政府，受议会监督，同时监管天然气和电力两个市场，主要监管手段是价格监控。在发电环节，有 30 多个独立发电公司和 6 个同时拥有发配售垂直一体化集团公司；在输电环节，英国国家电网公司（NGC）负责英格兰和威尔士地区电网业务，苏格兰地区输电业务由一体化公司负责；在配（售）电环节，有 7 个主要的供电公司，既拥有配电业务还拥有售电业务，其中 6 家公司同时拥有发电和售电，占售电市场份额的 88%。

英国电网调度机构共分两级，输电网和配电网各设一级调度，分别称为大不列颠系统运营机构（GBSO）和配网运营机构（DNOs）。在输电网层面，英格兰和威尔士地区以及苏格兰地区实行全国统一调度，调度机构隶属于英国国家电网公司。英国电力交易机构主要包括 EPEX SPOT（原 APX UK）和 Nord Pool（N2EX），均为独立于电网调度机构的电力批发交易所。

2. 电力市场模式

英国电力市场从组织形式与功能的角度可以分为中长期双边交易市场[场外交易（OTC）]、日前集中交易市场、平衡机制及辅助服务市场四类。英国的中长期双边交易市场形成的双边合同电量占据总电量的 85%以上，日前集中交易市场和平衡机制构成了英国现货市场，其中涉及的电量仅占总电量的不足 10%，但却是市场主体规避经济风险、调度维护电网安全稳定的重要保障。英国电力市场管理公司（Elexon）负责交易中的平衡与结算工作。

4.1 英国电力市场化改革进展概况

4.1.1 政策法规

2019 年 5 月，英国天然气电力市场办公室（OfGEM）提出将建立一个评估能源零售市场是否存在有效竞争的框架。该举措旨在监督国内零售市场的竞争情况，保护能源消费者，并为进一步推动零售市场改革做准备。

2019 年 7 月，英国商业、能源与产业战略部（Department for Business，Energy and Industrial Strategy，BEIS）提出促进电力系统的能源效率提升的要求。旨在进一步破除影响英国电力系统能源效率的市场壁垒、创建提升能源效率的新市场，提高电力系统的灵活性。

2019 年 8 月，英国商业、能源与产业战略部（BEIS）开始修订能源行业法规。法规的修订旨在更好地促进能源电力行业的战略变革，实现向净零排放和更灵活能源系统的过渡，加强创新并为消费者降低成本。

4.1.2 电力发展

2019 年，英国的总发电量为 323.7TW•h，与 2018 年的 332.9TW•h 相比下降了 2.8%。自 2010 年以来，总发电量一直在下降，原因是能源效率在不断提升。与 2018 年相比，由于气温上升电力需求有所降低。发电量的结构组成也发生了变化，新能源发电的发电量增加，核电和煤电发电量下降。

2019 年英国的发电量中有 1/3（36.9%）来自新能源，高于 2018 年的 33.0%。煤电发电量继续减少，燃煤发电机组的电力供应下降了近 60%，与 2018 年相比，发电量下降了 6.9TW•h，创历史新低。英国年度发电量如图 4-1 所示。

2019 年，英国总电力消费为 294TW•h，与 2018 年相比下降了 1.8%。所

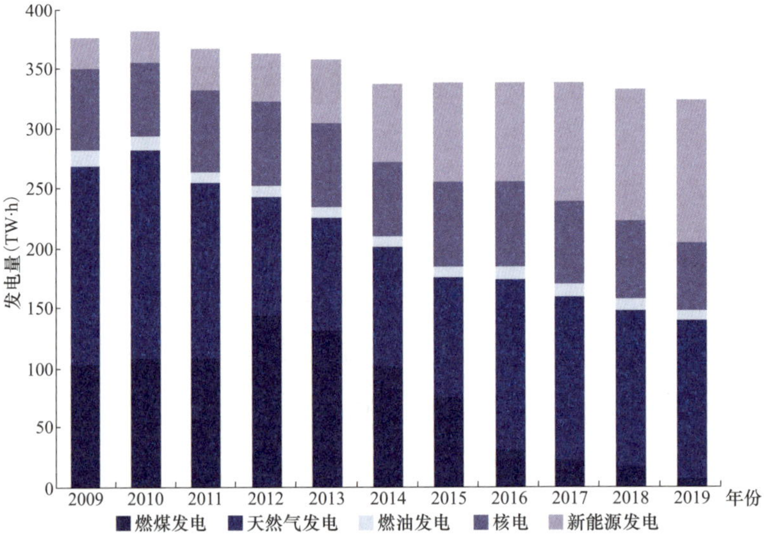

图 4-1　英国年度发电量（按发电类型）

有部门的消费量同比下降，工业部门下降 1.9%，居民用户下降 1.3%，其他终端用户（包括商业部门）下降 2.4%。家庭和商业消费水平主要受温度影响，尤其是 2019 年第一季度受平均温度升高的影响较大。由于 2019 年第一季度温度变化相对温和，平均气温上升了 42%，这导致 2019 第一季度国内电力消费减少了 8%。英国年度终端用户消费电量如图 4-2 所示。

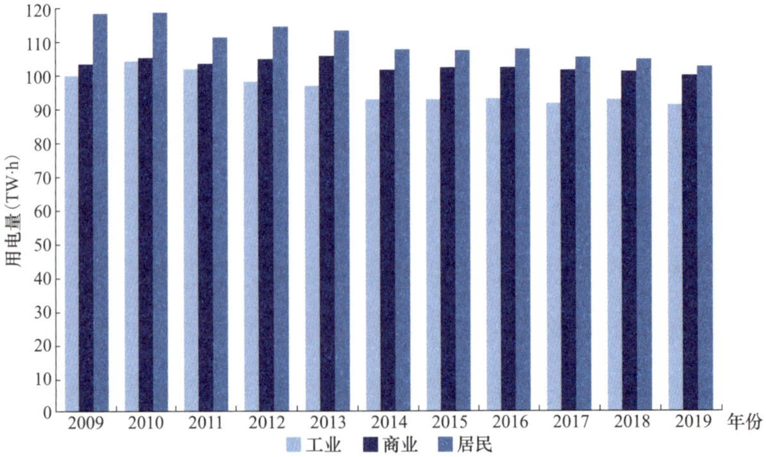

图 4-2　英国年度终端用户消费电量

2019 年，英国净进口电量与 2018 年相比增加了 11%，达到 21.2TW•h，占全年电力供应总量的 6.4%。年度总进口电量增长了 15%，达到 24.6TW•h；年度出口总电量增长了 52%，达到 3.4TW•h。与法国和荷兰的连接通道净进口电量下降，分别下降 14%和 8%，这是由于英国和比利时之间的新通道于 2019 年 1 月开始运营，2019 年的净进口量为 5.0TW•h。英国进出口电力贸易量如图 4-3 所示。

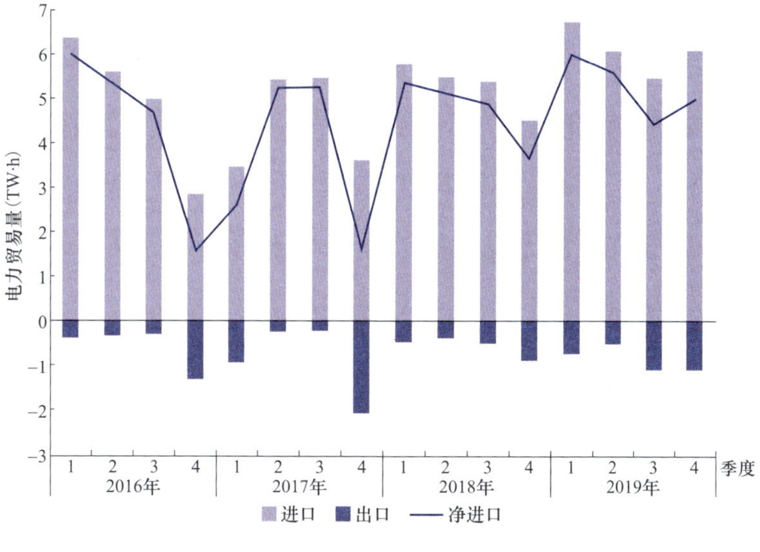

图 4-3 英国进出口电力贸易量

4.1.3 市场概况

（一）电力市场结构变化情况

批发市场：进入批发电力市场的发电机组数量增加。截至 2019 年 7 月底，有 189 家公司拥有发电许可证，而 2018 年为 170 家。从 2018 年 8 月到 2019 年 7 月，9 家新电力公司签署了平衡和结算准则（Balancing and Settlement Code，BSC）进入市场。

零售市场：中型供电商不断成长与最大的六家供电商形成竞争。中型供电商的用户数不断增加，到 2019 年 6 月总净客户数量达到 190 万，总市场份额达到 20%以上，与两年前相比增长近七个百分点。中型供电商通过收购小型供电商和争取成为保底供电商，从而获得更多的客户。

（二）电力市场建设进展情况

批发市场：2019 年 4 月，英国电网调度机构（Electricity System Opertator，ESO）正式独立运营。该机构作为英国国家电网公司（National Grid Company，NGC）的子公司，拥有独立的经营执照，在法律上与英国国家电网公司的业务独立。该举措将促进市场竞争，并最终造福消费者。

零售市场：2019 年 1 月，英国天然气和电力市场办公室（OfGEM）对售电商实施默认价格上限（Default Tariff Price Cap）管制。通过设置价格上限，110 万用户能从中获益。该上限管制暂定实施至 2023 年，期满后，英国天然气和电力市场办公室将根据对零售市场的评估，决定是否继续实施。

（三）电力市场运营情况

批发市场：批发电力市场集中度略有上升。2018 年，八家最大的电力公司提供了 72%的电量，而 2017 年为 71%。此外，2018 年 HHI（Herfindahl - Hirschman Index）指数为 1138，相比于 2017 年的 1034 有所上升。

零售市场：一是小型供电商服务质量有明显下降的迹象。尽管总体用户投诉数量相对稳定，但与小型供应商有关的申诉专员案件数量却大大增加。**二是供电商更换率达到了历史新高**。2019 年 4 月全年供电商更换率达 20%以上，创历史新高。但是，更换过程仍然受到可靠性和更换速度的影响，平均切换时间保持在 15 天左右或更长时间。

4.1.4 电力价格

（一）批发电价

2019 年英国批发电价明显下降。从 2018 年夏季到年底，英国批发电价处于相对高的水平。但从 2019 年初开始，英国批发电价开始下降，并下降到 2015 年价格水平。主要原因是英国发电机组数量增加，发电机组发挥市场控制力并获得额外收益的机会减少。

（二）零售电价

对于居民用户，由于2019年开始实施对售电商的默认价格上限（Default Tariff Price Cap）管制，总体零售价格有所下降。对于非居民用户，微型商业用户承担比其他商业用户更高的零售电价。2016年以来英国非居民用户零售电价如图4-4所示。

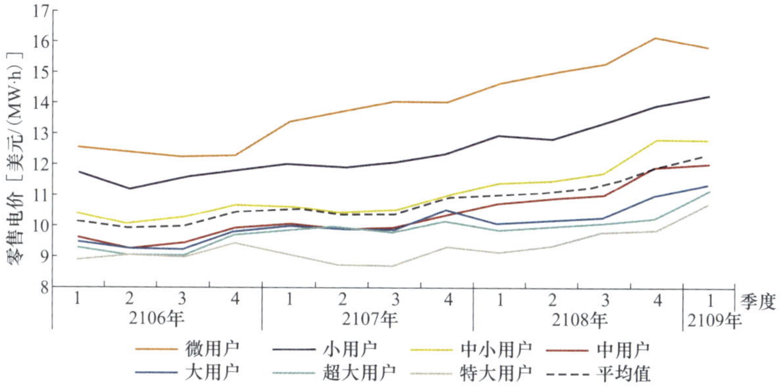

图4-4　2016年以来英国非居民用户零售电价

4.2　英国电力市场化改革相关事件分析——英国电力市场模式及平衡机制研究

自20世纪90年代开始改革以来，英国电力市场建设主要经历了POOL、NETA、BETTA、2013年新改革4个阶段。由于POOL模式存在定价机制不合理、市场操纵力等问题，2000年建立了新的电力交易机制NETA，在英格兰和威尔士地区建立以双边合同为主的新的电力交易机制。2005年开始，英国将NETA模式推广到苏格兰地区乃至全国，在全国范围内形成统一的竞争性电力市场（BETTA）。2013年为建立与低碳发展相适应的电力市场机制，英国能源部开始促进以低碳电力发展为核心的新一轮电力市场化改革，引入差价合约和容量市场两大机制。

4.2.1 当前英国电力市场模式

英国市场电能交易以双边交易为主，实时平衡机制为辅。双边交易合同是电网调度的重要依据，是需要执行的物理合同，占比达到95%，平衡机制电量占比很小。因此，可以认为英国市场采用以市场成员分散决策、分散平衡为主的一种市场决策方式，突出的是电能的普通商品属性，提倡电能的自由买卖交易。

按照市场的组织形式与功能，英国的电力市场主要由中长期双边交易市场、日前集中交易市场、平衡机制及辅助服务市场四类市场组成。

（一）中长期双边交易

英国市场双边交易包括场外交易（Over the Counter，OTC）和场内标准合约交易，场内标准合约交易在电力交易机构进行。双边交易没有固定的交易周期，市场成员可以灵活签订各类合同，合同签订截止时间可以一直持续到关闸（Gate Closure）时间，即实时前1h。

双边交易合同签订时不需要系统运营机构进行安全校核，合同履行时双方协商形成发电/用电计划曲线，并按照《平衡和结算规范》（BSC）和《电网交易主要协议》（Grid Trading Master Agreement，GTMA）要求，将合同交易电量和交易计划在规定时间内上报负责平衡和结算的Elexon公司以及英国电网调度机构（Electricity System Operator，ESO）。所有获得业务许可的电力公司都必须签订BSC协议，该协议要求发电商和售电商在Elexon公司建立能源账户，并将各种合同交易结果通知Elexon公司，Elexon负责对各市场主体合同电量和实际电量之间的差额进行计量、计费和结算。

（二）日前集中竞价市场

英国日前集中竞价市场由两个电力交易所（APX Power UK和N2EX）分别组织，市场成员自愿选择参与，两电力交易所之间存在着竞争。APX Power

UK组织的日前市场于10：50关闭，11：50完成出清计算并公布交易结果；N2EX日前市场则在09：30闭市，并于10：00前向市场公布出清结果。英国日前市场出清计算不考虑实际的网络情况，也不考虑机组的物理参数，出清价格为系统边际电价。

由于双边交易和日前集中竞价市场均未考虑电网安全约束，因此调度机构在日前环节要通过大量分析计算，及时发现平衡和电网安全问题，引导市场成员调整交易。调度机构并非以调度指令的方式安排生产，也不进行机组组合。调度机构每日9：00公布全网及分区负荷预测；11：00开始根据市场成员提交的首次物理通知（Initial Physical Notification，IPN），进行次日系统平衡裕度分析和电网安全分析；16：00调度机构根据最新的交易信息，发布系统平衡裕度和次日发电计划。当发生电力供应不足时，及时发布电力不足警告和限负荷警告，通过电价上涨，引导发电商推迟检修，引导可调节负荷缩减电力需求。当发生电网阻塞时，引导市场成员调整交易计划，避免造成合同累加曲线与实际出力偏差过大。

（三）平衡机制及辅助服务

由于英国双边交易占市场总体电量的规模较大，可能会导致系统调度效率较低，甚至影响系统安全运行。为解决这一问题，英国电力市场设立了平衡机制，该机制是英国电网调度机构（ESO）用来保证每秒钟电力供需平衡的。设立平衡机制的意义在于：**一是为调度部门提供了在实时调度前1小时阶段，调整发电与负荷预测偏差的手段和依据；二是平衡机制中产生的不平衡电价（系统买入价和系统卖出价）将为市场成员的不平衡电量提供结算价格**。

平衡机制下，ESO作为系统操作员（System Operator，SO）通过招投标方式购买长期期权和长期合同下的容量平衡服务，以保证系统实时平衡。同时，ESO也可提前（有时提前1年以上）与一些辅助服务机构签订合同，以保证系统能安全和高效地运行，这些辅助性服务包括无功功率、热备用、频率控制和黑启动等。

4.2.2 英国电力市场平衡机制

英国电力市场平衡机制由调度机构组织实施，其目的是维持电力实时平衡和实施阻塞管理。平衡机制单元（BMU）在关闸（Gate Closure）之前需要向调度机构提供次日的最终电力曲线（FPN），并同时提交增减出力的报价信息（Bid & Offer）。关闸之后，调度部门将根据 BMU 申报的增减出力报价、系统不平衡功率和阻塞情况，以购电费用最小为目标，选择购买增减出力报价（选择 Bid 或 Offer），调整市场成员的发用电计划。平衡机制中的增减出力报价按照价格优先排序，原则上，调度部门需依此排序购买上调或下调电力来进行每个时段的系统平衡。

实时运行前，ESO 根据收到的平衡市场竞争报价安排预调度计划，并将信息通知给各市场参与者。实时运行过程中，ESO 根据系统实际情况进行调整，按报价调用电力或调用一些辅助服务合同来保证系统电量平衡。另一方面，市场参与者需要向 ESO 申报发电或用电计划，并参与平衡机制下的竞争报价，信息申报和报价在每个交易时段的规定时间前截止，一切有关发电和用电变化的信息可随时通知市场，但是不作为最终的结算依据。平衡机制是一个全天候运行的滚动过程，使发电商和售电商可以报送微增或微减的投标。

当市场进入平衡机制交易时段，ESO 需要及时掌握市场上的交易信息。为此，市场参与者将其在远期双边交易和短期双边交易之后的物理电量净流量告知于 ESO。首次物理通知（Initial Physical Notification，IPN）的提交时间为交易日前一天上午 11：00。在关闸时间之前，市场参与者的交易信息将不断更新，直至提交最终的交易通知（Final Physical Notification，FPN）。

由于交易商要在实际交易开始前 3 个半小时提交 FPN，这一提前提交的信息与实际交易量必定会存在差异。因此，在平衡机制开始时，交易主体除了要提交实物电力交易通知，还必须为弥补偏差提交 10 个竞价 - 报价组合（bid - offer pairs），每个竞价 - 报价组合要指明不同的偏差数额（以 MW 计）。根据

ESO 的要求，报价组合中的其中一个报价是为了弥补正向偏差，而另一个价格是为了弥补反向偏差。

平衡机制的具体实施规则在平衡和清算规范（Balancing and Settlement Code，BSC）中做出了规定。BSC 规定了平衡机制的核心内容，是英国批发市场运行的核心规则。BSC 规定了 Elexon 是 BSC 管理公司，负责平衡和结算机制的运行，并提供或购买相关服务。根据 BSC 和电力业务许可证规定，拥有发电、配电、输电、售电业务许可的机构必须签订平衡结算协议框架，并在框架下履行职责。同时根据 BSC 规定，存在一些服务代理机构，包括结算、数据收集、合同电量集合、合同电量上报、计量数据上报等一系列代理服务机构，其目的是方便市场主体有效交易并履行数据处理、提交、传送、确认等义务。根据 BSC 规定，市场主体的双边交易以及电力交易所的交易，均作为合同电量分解到以半小时为基础的时段交易量，并提交给 Elexon 和输电公司。代理机构根据规则向 Elexon 或市场主体申请并得到授权，才能实施相关业务。

4.2.3 不平衡电量结算

不平衡电量结算与平衡机制联系紧密，其主要功能是决定不平衡电价和计算网络阻塞调度费。对于在每个运行时段中导致系统不平衡的市场成员，将按相应时段的功率不平衡的电价收取罚金。市场成员在某运行时段内的不平衡电量等于其在该时段内的合同电量与实际发/用电量之差。合同电量应包括该时段内的远期合同电量、期货合同电量、短期双边合同电量和平衡合同电量，但不包括纯金融交易（如差价合约等）。英国不平衡电量结算流程见图 4 - 5。

不平衡电量价格可分为溢出价格（spill price）和注入价格（top - up price），或称之为系统卖出价格（system sell price）和系统买入价格（system buy price）。对于发电量超过合约水平的发电商和用电量低于合约水平的用户采用溢出价格，而对于发电量低于合约水平的发电商和用电量高于合约水平的用户采用注入价格。

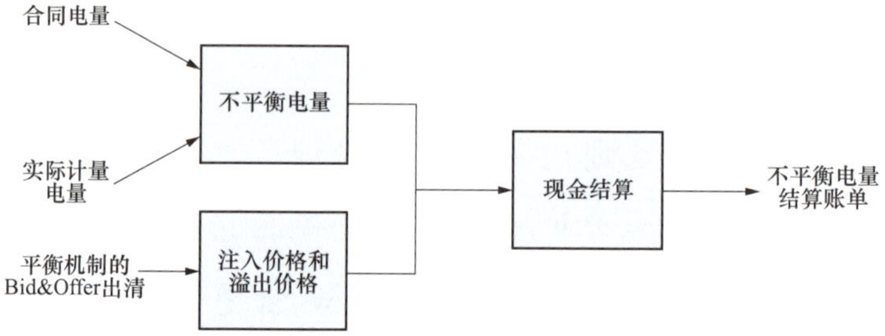

图 4-5 英国不平衡电量结算流程

例如对于某一个合约 A：假设配电公司 A 的实际负荷使用比合约水平高 100MW，而发电商 A 的出力比合约水平高 50MW。因此，系统运行机构需要向另一个发电商 B 购买 50MW 的出力，假设购买价格为 40 美元/MW。采用两种不平衡电量价格，对于发电商 A 超出合约的发电量，系统运行机构可以只按 30 美元/（MW•h）的价格付费；同时对于配电公司 A 超出合约的用电量按 50 美元/（MW•h）的价格收费，而实际上每一方的不平衡电量对于系统的边际价值都是 40 美元/（MW•h）。由于发电商 A 的不平衡电量卖出价比实际市场价低 10 美元/（MW•h），而配电公司 A 的不平衡用电量买入价比市场价高 10 美元/（MW•h），因此，双方都受到了惩罚。相反，如果系统实行单一的不平衡电量价格，两个发电商的不平衡电量卖出价都是 40 美元/（MW•h），则配电公司 A 的不平衡电量买入价也是 40 美元/（MW•h）。

按照设计规定，交易制度应确保溢出价格低于注入价格。采用两种不平衡电量价格的初衷是为了更有效地鼓励发电商和用户使不平衡电量最小化。

4.2.4 相关启示

一是英国采用分散式市场模式，通过平衡机制的设计实现了中长期市场与现货市场的有效衔接，我国可借鉴其运作经验进一步加强中长期市场和现货市场的统筹。当前，我国中长期交易电量分解方式无法充分体现市场主体意愿，且与用户实际用电特性偏差较大，如不能做好中长期市场与现货市场交易的衔接，短期看将影响电力市场的平稳运营，给市场主体经营带来一定风险。

二是英国通过不平衡电量结算有效统筹了中长期市场和现货市场的结算，我国在推进现货市场试点建设的过程中可借鉴其经验健全和完善结算体系。当前，我国电力市场结算体系亟待完善，需要在深化推进过程中厘清不同主体间的结算职责界面，完善计量数据采集、传送等数据管理机制，加强结算数据生成校验、数据上传/下发校验，保障结算的准确性和及时性，减少市场主体争议，保障结算效率。

5

日本电力市场化改革最新进展

日本电力市场化改革主要历程

1995 年 日本对《电气事业法》进行了第一次修改，引入独立发电企业（IPP）参与发电竞争，开始进行电力市场化改革。

1999 年 日本对《电气事业法》进行了第二次修改，在零售侧引入竞争，成立同时拥有发电和供电业务的特定规模电力企业（PPS），PPS 可以利用“十大传统电力公司”的电网进行电力零售。

2000 年 开放 2000kW 以上电力大用户，他们可以自由选择供电商，交易量约占市场份额的 27%。

2003 年 第三次修改《电气事业法》，分阶段放开用户选择权的范围，明确了售电侧自由化改革日程。根据 2003 年《能源基本规划》的规定，以 2007 年为节点，对是否开放 50kW 以下及居民用户进行讨论。

2004 年 日本决定将放开用户选择权的范围扩展到 500kW 用户，占全部用户的 41%。

2005 年 日本将放开用户选择权的范围进一步扩展到 50kW 用户，占全部用户的 60%。

2008 年 根据对 2007 年是否扩大放开用户选择权范围的讨论结果，日本决定推迟电力售电侧的全面放开，并决定 2013 年进行重新讨论。

2011 年 福岛核电事故后，日本提出新一轮电力改革思路框架。

2013 年 日本参议院通过《电气事业法》修正案。该法案明确了日本核事故后新一轮电力改革的内容和具体步骤。

2015 年 日本参议院通过了新的《电气事业法》修正案，提出改革方案第三阶段内容。三个阶段的改革方案全部制定完成，并上升为法律。

2016 年 日本全面开放电力零售市场，取消居民电价管制，允许所有用户自由选择售电商。

2017 年 日本原子能委员会发布《核能白皮书》，说明政府清理受损核电站和加强安全标准的情况，呼吁继续将核能作为国家能源供应的关键组成部分。

2019 年 日本东京商品交易所正式上线了日本首个电力期货交易。

背景阅读：日本电力市场概况

1. 电力工业结构

日本的电力市场监管机构为日本电力燃气交易监管会，负责监管电力零售和批发市场。日本电力企业主要由发输配售一体化运营的十大电力企业构成。2015年，新一轮电改启动后引入较多售电企业和独立发电企业。调度与电网一体，十大电力公司内部分别有各自的调度机构。新电改成立的广域系统运行协调机构负责整体协调十家调度机构。日本电力批发交易所（JEPX）独立设置，实施会员制，发电企业、售电公司、用户均可参与。

2. 电力市场模式

日本电力市场整体模式与北欧相似，属于分散式。大部分交易由需要物理执行的双边合同组成。为了促进售电市场发展，日本专门开设了基荷市场，确保新加入市场的售电主体能买到便宜的基荷电源。现货市场分为日前和日内市场，有相应的平衡机制。报价方式为发电负荷双边报价，出清方式为按边际电价出清，由于各区域间联络线较为薄弱，经常发生价区分裂。机组组合方式由市场成员自主安排，调度机构仅负责跨区联络线容量的校核。

5.1 日本电力市场化改革进展概况

5.1.1 政策法规

2019 年 6 月 7 日，日本政府在内阁会议上通过了 2019 版《能源白皮书》。《能源白皮书》提出要致力于发展可再生能源，并且再次重申到 2030 年减少 26%温室气体排放的目标（与 2013 年相比）。对于核电，日本政府依旧将其视为重要电力能源，预期在 2030 年电力结构中，核电应占比 20%～22%。

2019 年 8 月 7 日，日本经济产业省出台了太阳能、风能等可再生能源固定价格收购制度（FIT）的临时修正方案。日本政府计划通过市场交易和竞标等，提高电力企业竞争力，同时减轻用户负担。根据临时修正方案内容，日本政府将工商业用太阳能发电、风能发电项目列为竞价项目，并引入竞价制度，从 FIT 中独立出来。经济产业省计划制定详细的新能源固定价格收购制度修改方案，预计 2021 年正式实施。

2019 年 9 月 17 日，日本东京商品交易所正式上线了日本首个电力期货交易。交易所推出日本东西部基荷电力和峰荷电力标准合约，交易周期为 15 个月，交易方式为集中竞价。

5.1.2 电力发展

（一）电源建设

截至 2019 年 4 月，日本正在运行的发电厂共有 4360 个，其中十大电力公司共有发电厂 1425 个。十大电力公司总装机容量为 271.7GW，其中水电装机容量 49.6GW，煤电装机容量 46.5GW，天然气发电装机容量 82.9GW，燃油发电装机容量 32.1GW，核电装机容量 38.0GW，新能源发电装机容量 12.6GW，其他 10GW。日本 1955—2018 年电力装机结构演化情况如图 5-1 所示。

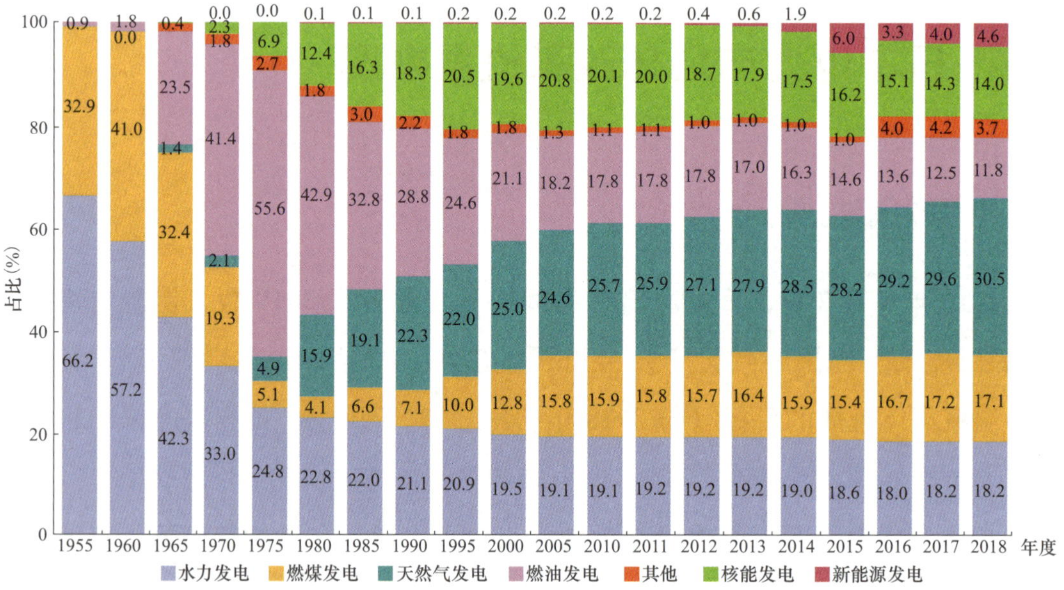

图 5-1　日本 1955—2018 年电力装机结构演化情况

煤电：从图 5-1 来看，日本煤电装机规模近年来有逐步扩大的趋势。截至 2019 年 9 月，日本在建燃煤电厂规模超过 11GW，在建燃煤电厂成本超过了 290 亿美元，数额巨大。然而，日本政府已承诺加入《巴黎协定》，若要实现预期的减排目标，日本现有或在建的燃煤电厂都可能面临提前关停。

核电：截至 2019 年 4 月，日本共 9 座核电站实现重启。为了实现发展目标，日本将继续在安全第一的前提下，持续推进核电站的重启工作以及核能领域的技术创新。2015 年以来，随着核电机组的陆续重启，核电设备利用率呈逐年上升的态势，由 2015 年的 2.5%上升到 2018 年的 19.3%。1982—2018 年日本核电设备利用率变化情况如图 5-2 所示。

光伏发电：从 2013 年起，日本 FIT 的固定电价收购价格逐年下调，2019 年小于 10kW 系统的收购电价已降至 26～28 日元/（kW•h），大于 10kW 系统的收购电价降至 18 日元/（kW•h）。2019 年 6 月，日本政府提出将逐步终止 FIT 的执行。从 2015 年光伏发电新增装机容量达到峰值 10.5GW 后，日本装机连年下滑，2016—2018 年的新增装机容量分别为 8.6、7、6.7GW。随着日

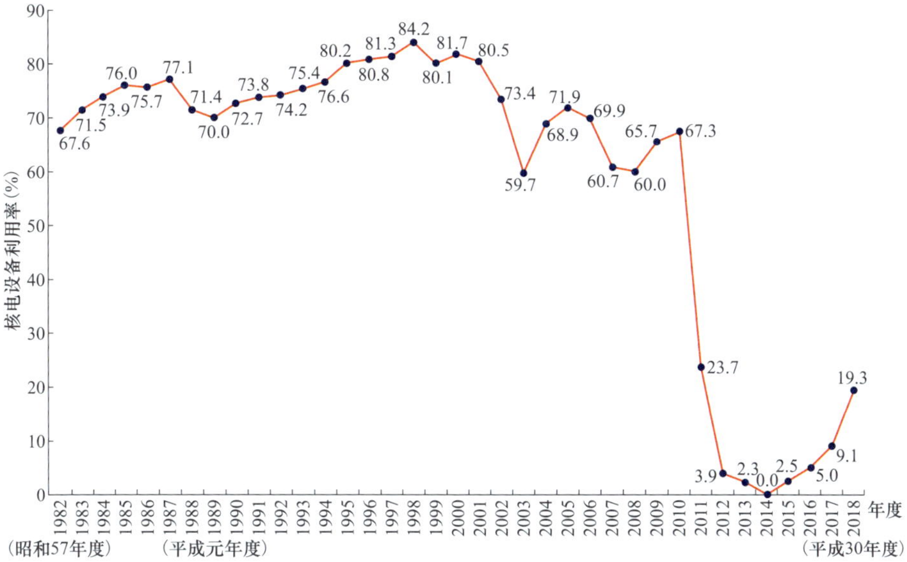

图 5-2　1982—2018 年日本核电设备利用率变化情况

本政策要求 2012—2014 年间尚未并网的剩余项目须在 2020 年完成并网，预计 2020 年还将有一波装机潮涌现。2020 年过后在缺乏剩余项目支撑以及补贴进一步调降的情况下，日本光伏发电市场需求可能会减少。

（二）电网发展

随着日本的发展，输电走廊日益紧张，使得地下电力电缆在城市电力系统中的应用变得越来越广泛，地下电缆输配电线路取代架空输配电线路已成为趋势。为促进地下电缆化率提升，日本计划 2018—2020 年，铺设地下电缆总计 2400km，铺设地下电缆的成本通常是架空线路成本的 10 倍左右，日本正在研究并推广各种降低成本的措施。

截至 2019 年 4 月，日本各电压等级的输电线路（架空线）长度为 87 931km，地下电缆长度为 27 243km，地下电缆化率为 23.7%。配电线路（架空线）长度为 1 280 357km，地下电缆长度 72 735km，地下电缆化率为 5.4%，日本输配电线路长度及地下电缆化率统计见表 5-1，日本地下电缆建设情况如图 5-3 所示。

表 5 - 1　　日本输配电线路长度及地下电缆化率统计

年度	输电线			配电线		
	架空线（km）	地下电缆（km）	地下电缆化率（%）	架空线（km）	地下电缆（km）	地下电缆化率（%）
2013	87 442	26 630	23.2	1 260 207	69 358	5.2
2014	87 666	26 794	23.4	1 264 398	70 025	5.2
2015	87 832	27 062	23.6	1 268 845	70 733	5.3
2016	87 700	27 073	23.6	1 272 918	71 360	5.3
2017	87 776	27 150	23.6	1 276 816	72 096	5.3
2018	87 931	27 243	23.7	1 280 357	72 735	5.4

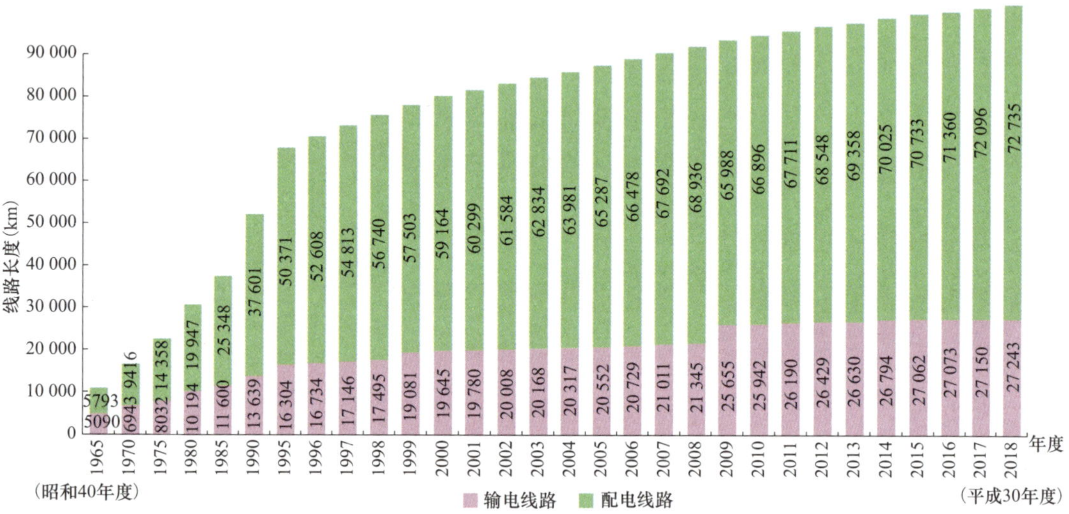

图 5 - 3　日本地下电缆建设情况

（三）电力供需

根据日本经济产业省的统计数据，2018 财年（2018 年 4 月—2019 年 4 月），日本全国电力企业总发电量为 892.0TW•h，其中火力发电 726.2TW•h，占比 81.4%。水力发电 85.0TW•h，占比 9.5%。新能源发电 18.7TW•h，占比 2.1%。核电 62.1TW•h，占比 7.0%。日本全国电力需求量为 896.2TW•h（含自备电厂）。电力企业售电量共 850.5TW•h，比 2015 年增加 1.5%。售电侧放开后成立的新售电公司售电量共 66.7TW·h，占全国电力企业售电量的 7.8%。

5.1.3 市场概况

（一）电力市场结构变化情况

一是京瓷、罗森等日本多个行业企业投资虚拟电厂。根据日本经济产业省相关数据，虚拟电厂可收集的太阳能电力等电力规模，预计将在未来 30 年内增加到 37.7GW，相当于 37 个大型火力发电站的发电量，作为电力调配的虚拟电厂将大有发展。

二是截至 2019 年，日本电改后售电公司数量大幅上升，新注册的售电公司有 600 多家。随着市场主体的增加，市场竞争日益激烈，有 100 多家售电公司仍在运行。

（二）电力市场建设进展情况

电改后，日本的电力市场建设速度很快，原先的电力批发市场主要由现货市场（包括日前和日内）、远期市场、分散式绿色交易市场等组成。近年来逐步建立期货市场、基荷市场、非化石价值市场、跨区联络线输电权市场等。未来还将建立包含辅助服务的平衡市场以及容量市场。市场体系将越来越完善。

从 2019 年 5 月起，FIT 范围内的非化石能源绿色证书在非化石价值市场交易，该市场还向所有非化石能源开放；2019 年 9 月 17 日，日本东京商品交易所正式上线了日本首个电力期货交易。为促进新电力公司参与基荷电源交易竞争，日本创建了基荷电能市场，于 2019 年 8 月启动；为缓解跨区交易联络线容量不足的问题，日本建立了跨区联络线输电权市场，于 2019 年 4 月启动。

（三）电力市场运营情况

日本电力批发交易所（JEPX）主要职能是为各电力企业调剂余缺提供交易平台。各电力公司、发电公司及电力零售商在交易所中进行余缺电力的交易。2012 年以来，受福岛核电事故影响，日本加大了电力交易的力度，JEPX 会员数和交易量有了较大的提升，开展的交易类型也越来越多，截至 2019 年 12 月，共设有现货市场（日前市场和日内市场）、远期市场、绿色分布式能源交易市场、非化石价值市场、跨区联络线输电权市场、基荷市场。自 2016 年 4 月电力零售试产全部放开后，JEPX 交易量大增。

从 2012 财年到 2018 财年，JEPX 的交易金额的年平均增长率为 73.9%。以 2019 年 7 月至 2019 年 9 月为例，交易总额约为上年同期的 1.9 倍，日本电力批发交易所现货交易量如图 5-4 所示。截至 2019 年 9 月，JEPX 交易量（约定量）占日本电力需求量的份额为 34.8%，日本电力批发交易所交易量占日本电力需求量的比例如图 5-5 所示。

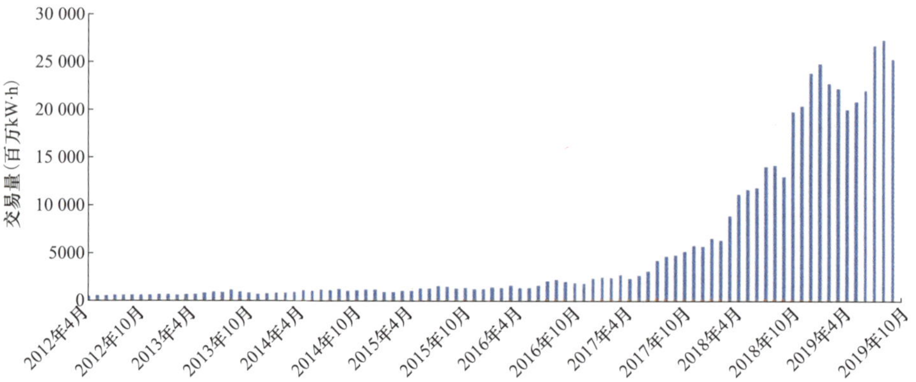

图 5-4　日本电力批发交易所现货交易量

5.1.4　电力价格

（一）批发电价

2012—2019 年日本电力批发交易所现货交易价格走势如图 5-6 所示，自 2013 年冬季现货交易价格达到高峰以来，现货市场的系统价格（7 日平均）处于下降趋势，在 2016 年 4 月售电市场放开以后，批发市场电价稳定在较低的 7～8 日元/（kW·h）左右。但由于原油价格的影响，现货市场价格在 2018 年出现了较大的波动。2019 年价格波动逐渐变小，整体维持在 10 日元/（kW·h）左右。

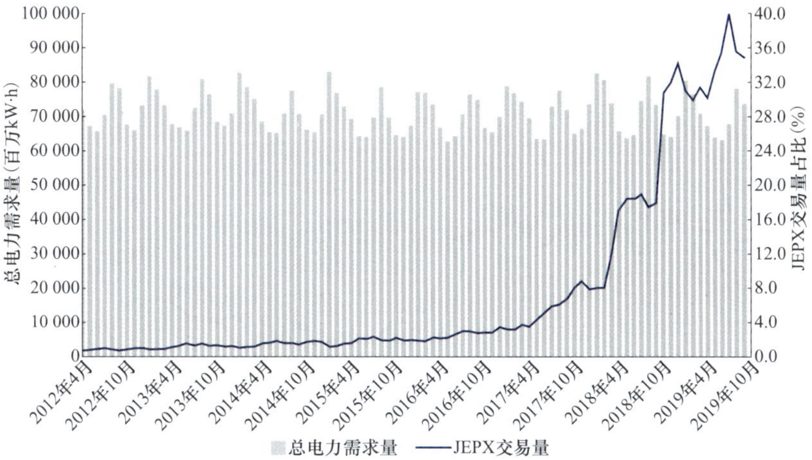

图 5-5　日本电力批发交易所交易量占日本电力需求量的比例

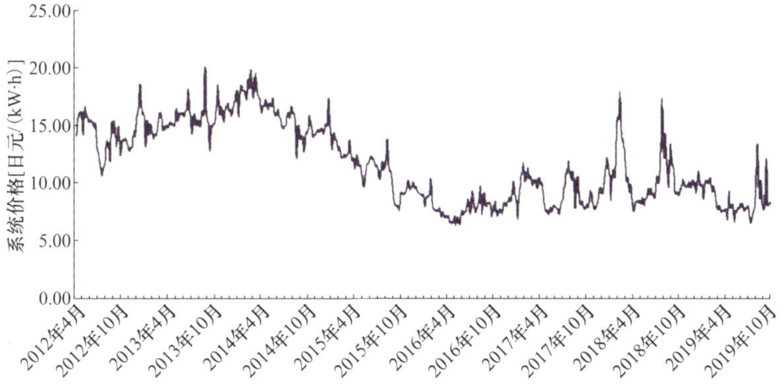

图 5-6　2012—2019 年日本电力批发交易所现货交易价格走势

（二）零售电价

2011 年日本大地震以来，为弥补电力供应不足，日本发电企业不得不转向火力发电，加大化石燃料进口量。2010—2014 年，由于国际油价与日本进口液压石油气（LNG）价格持续高位运行，日本零售电价一直呈直线上升趋势。与 2010 财年相比，2014 财年家庭和工业的电价分别上涨了 25%和 38%。此后，由于美国页岩革命，原油价格下跌，日本零售电价开始下跌。直至 2016 年 OPEC 成员国与非成员国达成减产协议，将石油产量削减 180 万桶/日，国际油价逐渐回升，燃料价格走势如图 5-7 所示。此外，日本将新能源补贴也加入电费，在2017、2018年日本零售电价连续上升，日本历年电价走势如图5-8所示。

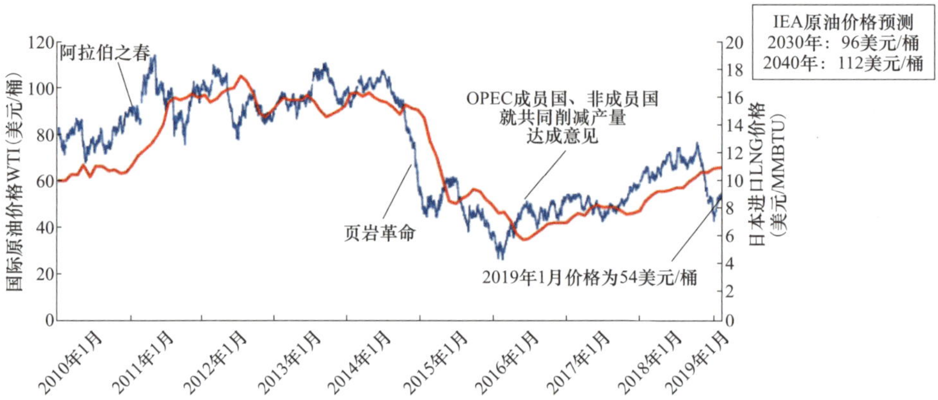

图5-7　燃料价格走势

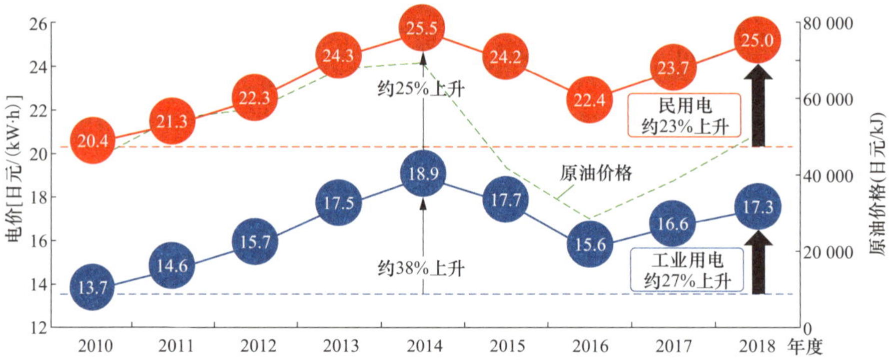

图5-8　日本历年电价走势

5.2　日本电力市场化改革相关事件分析——电改背景下日本批发电力市场演进

5.2.1　新电力市场体系

日本电力市场结构与欧洲有一定的相似之处，大部分的电能量交易以中长期的合约形式确定，电力公司与发电公司签订的购售电合同十分详细，包括电厂承担的负荷类型（基荷、腰荷还是峰荷）、电价、发电优先等级等。现货市场包括日前市场、日内市场和平衡机制。在改革之前，JEPX组织的现货市场只起到余缺调剂的作用。交易品种和交易量都较小。

为了进一步活跃电力市场交易，日本在2017年对电力市场进行了再设计，根据本国国情，丰富了市场类型和交易品种，以适应电力改革后的电力工业现状，日本电力市场体系设计如图5-9所示。近年来日本现货市场交易量逐步提升，建立了基荷市场、期货市场、非化石能源价值市场、跨区联络线输电权间接拍卖机制。未来还将建立包含辅助服务的平衡市场以及容量市场，市场体系将越来越完善。

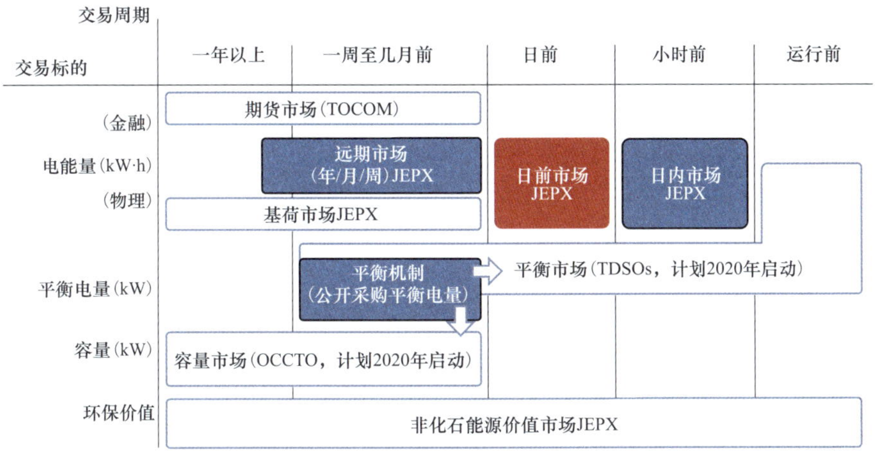

图5-9 日本电力市场体系设计

OCCTO—广域系统运行协调机构；TOCOM—东京商品交易所；TDSOs—各电网公司调度机构

5.2.2 基荷市场

（一）主要目的

日本政府在《能源基本计划》中将煤电、大型水电、核电、地热发电等电源定义为基础负荷电源（以下简称基荷电源）。在2015年制定的《长期能源供需预测》中提出，到2030年全社会用电量的56%将通过基荷电源供给。大多数基荷电源由十大电力公司拥有，或者签订了长期供给合同。由于基荷电源成本较低且供应稳定，若被十大电力公司垄断，新售电公司将难以与之竞争。因此，日本政府在2019年启动了基荷（Bose Load，BL）市场。

（二）交易方式

BL市场在日本电力批发交易所（JEPX）开设，以4月1日到第二年3月末的一年为对象，以kW·h为单位进行电力交易。交易以单一价格拍卖方式进行，并且对卖方出价设定了上限价格。

（三）交易电量

政府强制要求十大电力公司向BL市场供应基荷电力，电量具体按照以下公式计算：

BL市场供给量（kW·h）＝总需求量（kW·h）×全国新电力市场份额（%）×基本负荷比率（%）×调整系数

5.2.3 现货市场

（一）日前市场

日前市场对第二天要交割的电量进行交易，交易方法为单一价格竞价的方式。单一价格竞价方式是将每个卖家的竞标曲线汇总，合成总的卖家竞标曲线，以同样的方法合成总的买家竞标曲线，两个曲线的交点决定了中标的价格和数量。此交点左侧的竞标全部成交，右侧则都没有成交。

现货市场电价采取分区电价模式，默认各区域内的阻塞情况并不严重。分区电价作为阻塞管理的手段和价格信号，有效引导电力从低价格区域（电力盈余）流向高价格区域（电力短缺）。出清时不考虑区域内的物理网络结构，仅考虑区域间联络线的传输能力约束，由广域系统运行协调机构（OCCTO）进行安全校核。如区域间存在传输阻塞，则出现市场分裂，每个区域出清电价存在差异。若区域间不存在传输阻塞，则各区域按统一电价出清。

市场成员此前签订的场外双边物理合约，需要在日前市场出清前申报，并在出清时予以考虑，以确保交易结果与区域间联络线传输能力的匹配。

市场参与者可既可以对各个时间段报价，也可以对一段时间整体报价。交易电力的单位为1MW（30min的电量为500kW·h），投标价格以0.01日元为单位。交易时间从交易日（交割日前一天）前10天开始，8：00～17：00均可出价。交易日当天10：00结束竞标，并计算第二天的交易电量。

（二）日内市场

日内市场是日前市场的补充，主要作用是在日前市场关闭后，使交易者可以在实际传输发生时刻的1h之前继续对交易电量进行调整和修改。

交易以撮合成交的方式执行，与股票交易的方式相同，采用时间优先的原则，即先到先得（first - come，first - served）。关闸时间为运行前1h。日内市场允许进行跨区交易（会考虑各区域间联络线的剩余传输能力）。需要说明的是，随着更多间歇性新能源发电（如风电）的大量接入，发电出力的不确定性会大大增强，因而日内市场的重要性会愈加明显。

日内市场交易标的为每半小时的电量合同，交易单位变成0.1MW，投标价格仍以0.01日元为单位。

（三）平衡机制

日本通过平衡机制维持系统平衡。要求市场参与者尽量按照合约发用电，如果产生偏差，则需要支付不平衡费用。自2017年4月起，日本的调度机构已通过公开采购的方式来解决不平衡问题，提供偏差调整服务的机组将得到补偿。和英国不同的是，提供偏差调整服务的机组不能报价。偏差费用是通过现货市场价格计算得来的。

不平衡费（每30min）$=x\alpha+\beta$（日前市场和日内市场价格的加权平均值）

式中 α——系统总供需情况的调整因子；

β——反映价区差异的调整因子。

（四）十大电力公司在现货市场中的交易

为促进现货市场活跃度，避免发售一体化垄断，日本政府强制要求十大电力公司将自身发电量10%的电量投放到现货市场，并仅在自身供应不足时，允许回购自公司电力。

5.2.4 跨区联络线输电权间接拍卖机制

（一）主要目标

在本次电改之前，日本跨区联络线的利用采用先到先得原则，即按照电力公司提出输电计划的时间进行分配，往往以十大电力公司之间的中长期合约优先。在市场放开之后这种机制出现了较大的不适应性，即使出现了价格低廉、经济上具有优势的新电源，如果联络线的容量没有空闲空间，也无法使用。

为此，日本建立的跨区联络线输电权间接拍卖机制，改为按投标价格从低到高的顺序来获得输电通道的使用权。引进间接拍卖的目的是在公平的环境下更有效地利用跨区输电线，促进成本更低的电能或新能源在大范围输送。此外也可以更加合理地分配阻塞盈余，使市场结构更加完整。

（二）交易规则

在先到先得规则中，首先按照跨区联络线利用计划提出的先后顺序分配输电容量。如运行日前一天10：00还有空余容量，现货市场才可以进行跨区交易。

间接拍卖机制启动后，先将核电等需要长期输送的电力输送容量扣除，之后所有跨区联络线的输电权都在日前市场进行拍卖。日前市场交易后剩余的容量通过日内市场进行分配。

5.2.5 相关启示

一是日本在电力市场设计中为基荷电源设立了单独市场，我国电力市场设计也需对基荷电源进行长远考虑。基荷电源成本低廉、供应稳定，对市场至关重要，我国需要统筹考虑这部分电源，加强市场监管，避免其由部分企业垄断，阻碍市场竞争。

二是日本电改后加强跨区交易，我国应坚持统一调度促进资源大范围优化配置。日本成立广域系统运行协调机构（OCCTO），用于协调各个调度机构的运营。并建立跨区联络线输电权市场，旨在打破电力供应的地区局限性，解决电网间联系不强、难以大范围利用发电资源进行相互支援等问题，以促进全国范围内电力资源优化配置，实现电力安全稳定供应。借鉴日本的经验，我国电网统一调度管理体制和正在形成的全国范围电力资源优化配置格局，是实现电力安全稳定供应的重要保障，在未来深化电力市场化改革中应继续予以坚持。

三是日本电力市场建设有确定的时间节点，我国电改方案需加强计划性和整体性。日本对电力市场各环节各层级进行了完整的设计，包括日内市场、基荷能源市场、非化石能源价值市场、跨区联络线输电权间接拍卖机制、容量市场等，并且严格按计划启动，有非常强的计划性和全局性，注重多种市场之间的协调和衔接。我国电力市场建设缺乏较权威的顶层设计，计划性也有一定欠缺。建议我国电力市场建设在开展相关试点的同时，要加强电力市场的顶层设计，注重方案的整体性、可操作性和前瞻性。

6

俄罗斯电力市场化改革最新进展

俄罗斯电力市场化改革主要历程

1991 年　苏联解体，面临经济转轨的俄罗斯在电力工业仍然保持垄断。

1992 年　电力行业开始实行股份制，政府控股成立了统一电力系统股份公司。

2001 年　俄罗斯政府发布第 526 号法令《关于俄罗斯联邦电力改革的政府令》，明确了改革的各项目标。

2003 年　《俄罗斯联邦电力法》批准生效。统一电力系统股份公司提出于 2003 年至 2008 年采取“概念战略”，即所谓的“5＋5 战略”，明确了 2003—2008 年的电力工业改革的目标及过渡方案。

2006 年　俄罗斯颁布了第 530 号法令《关于批准电力工业改革过渡期零售电力市场运作规则的法令》。该法令批准了过渡期间零售市场运作规则。通过这项法令，俄罗斯基本形成了电力批发市场和电力零售市场的两级交易体系。

2008 年　俄罗斯统一电力系统公司正式停止运营，通过拆分与重组，在发电、输电、配电、售电、调度、交易和检修等环节都成立了独立股份公司。改革后的俄罗斯电力工业，形成了发电、输电、配电、售电、调度、交易相互独立的结构。发电企业主要参与电力市场的交易环节，发电企业包括核电公司、水电公司、6 家火电批发公司、14 家地区发电公司和其他独立发电公司等。

2010 年　俄罗斯政府重启了国有企业私有化改革，计划出售联邦电网公司 4.1％的股份，以减少俄罗斯政府的财政赤字。

2011 年　俄罗斯继续推进电力行业的私有化改革，根据俄罗斯《战略投资法》规定，输电企业属于战略性企业，外国投资人持股不得超过 25％。

2012 年　俄政府批准输配电企业合并。

2013 年　新成立的俄罗斯电网公司正式运作。

2017 年　俄罗斯总统普京签署总统令，将俄罗斯电网公司纳入俄联邦战略性企业清单。

2018 年　普京总统大选连任后提出“全面发展数字化经济”，强调建设“现代化电厂和数字化电网”。

2019 年　俄罗斯政府批准了火电厂现代化改造计划。

背景阅读：俄罗斯电力市场概况

1. 电力工业结构

俄罗斯的电力市场监管机构包括俄能源部和反垄断局（Federal Anti-monopoly Service，FAS），电力市场运营机构包括电力市场委员会（Non-profit Partnership MarRet Council，NP）、交易系统管理员公司（Trading System Adminstrator，TSA）、金融结算中心（Finanical Settlement Center，FSC）、国家调度中心（System Operator of the Unified Energy System，SO）及俄罗斯电网公司。市场主体包括发电公司、售电公司和用户，发电公司主要有 6 家火电批发公司（Wholesale Generation Companies，WGC1－6）、14 家地区发电公司（Territorial Generation Companies，TGC1－14）和一些大型企业的自备电厂，售电公司包括 95 家保证供应商（主要向居民销售）、132 家电力零售商（向非居民销售）和电力进出口商（俄统国际），用户包括大型用户、居民和同等类别用户、非居民用户。

2. 电力市场模式

俄罗斯采用集中式电力市场模式，主要电量在日前市场进行交易，由调度集中优化确定节点边际价格，并通过平衡市场调整偏差。电量市场的报价方式为发电负荷双边报价，出清方式为按节点边际电价出清，机组组合方式由调度机构统一安排。居民和同等类别用户供电由固定价格的监管合同保障并物理执行。俄罗斯电力市场建立了完整的容量市场保障长期稳定供电。

6.1 俄罗斯电力市场化改革进展概况

6.1.1 政策法规

2019 年 1 月 24 日，俄罗斯政府批准了火电厂现代化改造计划。该计划将对约 4000 万 kW 装机进行现代化改造，约占俄罗斯发电总装机的 16%，该计划将持续到 2031 年，主要目标是降低电价。火电厂现代化改造计划预计耗资 2000 亿卢布（约合人民币 206 亿元），并将在未来 10 年内吸引 1.9 万亿卢布（约合人民币 1957 亿元）的私人资本。该计划将主要采用国产设备，最终目的是实现电力设备 100%本地化。

2019 年 3 月，俄罗斯电网公司公布了数字化改造的具体投资计划。**数字化改造总的投资规模为 1300 亿元人民币，回收期 14 年**。**截至 2019 年 2 月，俄罗斯输电网部分的数字化水平已经达到 80%，因此俄罗斯电网公司的投资资金主要用于配电网数字化改造**。俄罗斯电网公司强调，数字化转型项目将在控制和数据收集系统（Supervisory Control and Data Acquisition，SCADA）上重点进行，该系统计划在 2021 年之前开发和实施，并且该系统只使用俄罗斯本土设备。

2019 年 3 月 5 日，俄联邦政府相继向国家杜马提交两项法案，旨在完善俄罗斯电力市场监管机制及稳定电价。关于完善批发和零售电力市场电价国家监管的法案建议，限制联邦主体政府在输电价格监管方面擅自决定输电价格。现实情况表明，俄罗斯 15%的输电服务价格高于反垄断局确定的最高限价水平。禁止国家一部分供电地区的电价从市场价格转变为监管价格的法案建议，禁止一部分已有电力市场地区的电价从市场价格转变为管制价格，同时限制将新地区纳入执行管制电价的地区。国家杜马批准了这两项法案，并修改了《电力工业法》中相应的条款。

6.1.2 电力发展

（一）电源发展

截至 2019 年底，俄罗斯统一电力系统[1]的总装机容量为 246.3GW，其中火电 164.6GW，约占 66.83%；核电 30.3GW，约占 12.31%；水电 49.9GW，约占 20.24%；风电和太阳能发电 1.5GW，约占 0.62%，2019 年俄罗斯电力装机示意如图 6-1 所示。

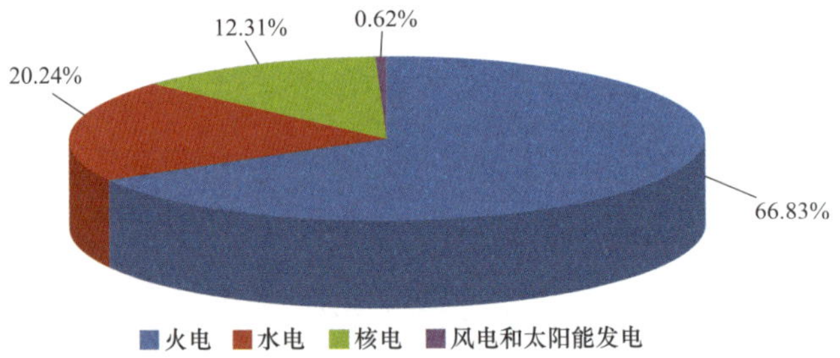

图 6-1　2019 年俄罗斯电力装机示意图

（二）电网发展

截至 2018 年底，俄罗斯电网最高电压等级为 1150kV（降压运行），线路总长达到 235 万 km，35kV·A 及以上变电站数量 861 座。总变电容量达到 7.81 亿 kV·A，俄罗斯电网公司总售电量 7482 亿 kW·h，总线损为 8.78%。

跨国互通方面，俄罗斯与白俄罗斯、爱沙尼亚、拉脱维亚、立陶宛、格鲁吉亚、阿塞拜疆、哈萨克斯坦、乌克兰和蒙古实现同步运行，通过直流换流设备与芬兰和中国电力系统实现联网运行。远东联合电力系统通过交流线路实现向中国孤立用电区的供电；圣彼得堡电力系统与芬兰电力系统并列运行；科拉（半岛）电力系统与挪威电力系统实现并列运行。跨国输电线路共计 139 条（其中 220kV 及以上线路 54 条，包括 2 条降压运行的 1150kV 线路，2 条 750kV 线

[1] 俄罗斯统一电力系统是指俄罗斯除去孤立电网部分的绝大部分电力系统，其发电、电网规模和用电量均超过了全国的 90%。

路，14条500kV线路，1条与芬兰连接的±400kV直流线路）。

（三）电力供需

根据俄罗斯能源部数据统计，2019年全俄罗斯（含孤立电力系统）发电量为1096TW·h，较2018年增加0.4%，2019年俄罗斯各月发电量统计如图6-2所示。俄罗斯统一电力系统总发电量为1080.5TW·h，其中火电679.8TW·h，占62.9%；水电190.3TW·h，占17.6%；核电208.8TW·h，占19.3%；风电和太阳能发电1.6TW·h，占0.2%。

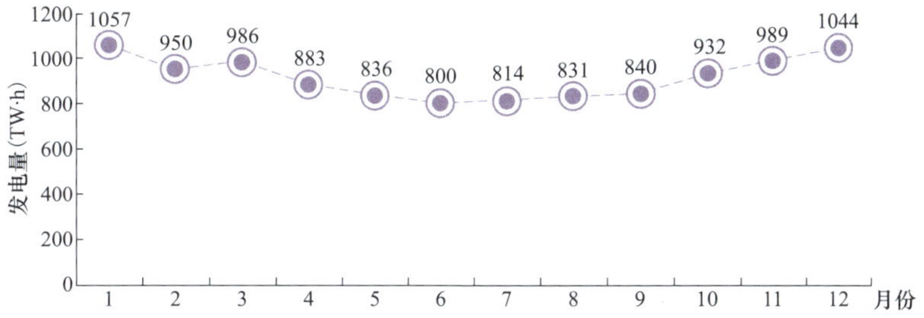

图6-2 2019年俄罗斯各月发电量统计

2019年全俄罗斯（含孤立电力系统）用电量为1075TW·h，同比减少0.1%。其中，全俄罗斯统一电力系统实际用电量为1059TW·h，同比提高了0.4%。2019年俄罗斯出口电量总计19.3TW·h，进口电量总计1.6TW·h。

6.1.3 市场概况

俄罗斯的电量交易主要在电力批发市场的日前市场和平衡市场交易，日前市场的交易电量占总交易电量的70%以上，2018年俄罗斯电力批发市场中各类交易电量占比如图6-3所示。2019年俄罗斯电力批发市场总交易电量为998.9TW·h，其中日前市场交易电量767.4TW·h，占比76.82%。

2019年第一市场区[1]电力批发市场总交易电量为778.6TW·h，其中日前市

[1] 俄罗斯电力市场区域分为“第一价格区”和“第二价格区”。为了避免与欧盟电力市场中的价区混淆，本章将“第一价格区”和“第二价格区”改称为“第一市场区”和“第二市场区”。

场交易电量为 585.7TW·h，较上年下降 1.01%。第二市场区电力批发市场总交易电量 220.3TW·h，其中日前市场交易电量为 181.7TW·h，较上年增长 0.36%。

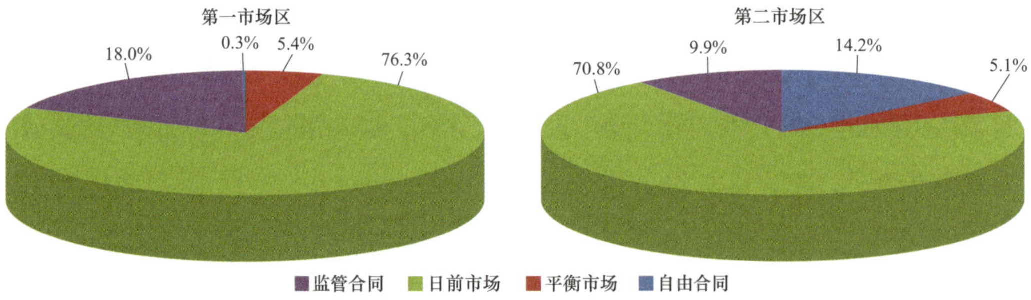

图 6-3　2018 年俄罗斯电力批发市场中各类交易电量占比

6.1.4　电力价格

（一）批发电价

俄罗斯非居民用户电价属于竞争性电价，在电力批发市场中形成。居民及同等类别用户的电价属于管制电价，该电价由各地区 FAS 和能源委员会确定。2019 年俄罗斯电力批发市场平均交易电价为 1.20 卢布/（kW·h）［约合 0.12 元/（kW·h）］，较 2018 年上涨 2.63%。第一市场区平均交易电价为 1.29 卢布/（kW·h）［约合 0.129 元/（kW·h）］，较上年上涨 3.23%，第二市场区平均交易电价为 0.89 卢布/（kW·h）［约合 0.089 元/（kW·h）］，与上年持平。

（二）零售电价

零售市场销售的终端电价由发电费用、输配电费用、基础设施费用和销售附加费用四部分组成，俄罗斯终端电价组成如图 6-4 所示。发电费用由发电公司的生产成本加上合理利润构成。输配电费用由政府机构调控，主要取决于输电服务的可靠性及供电质量，根据电压水平计算。基础设施费用是支付给负责管理俄罗斯统一电力系统和电力交易市场的相关组织的服务成本。销售附加费用是支付给售电公司的销售费用，是售电公司维护日常运行所必需的资金，包括支付工资、日常物料消耗、办公费用等支出。

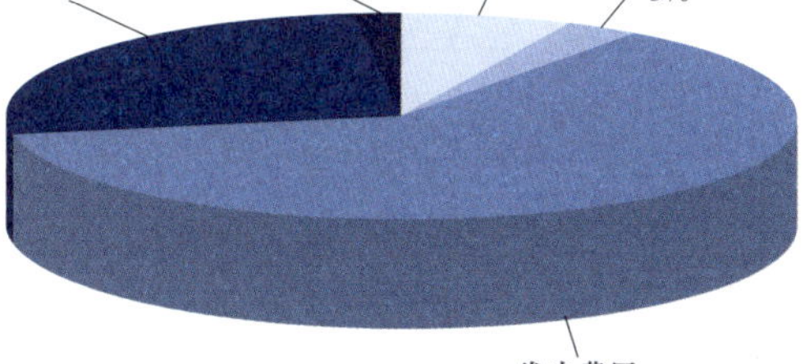

图 6-4 俄罗斯终端电价构成

6.2 俄罗斯电力市场化改革相关事件分析——俄罗斯电力市场模式分析

6.2.1 背景介绍

苏联解体后，俄罗斯电力系统继承了苏联时期大部分电力工业体系，电力交易完全由政府监管。2001 年，俄罗斯政府颁布了《关于俄罗斯电力行业的改革》(第 526 号政府令)，明确了俄罗斯电力体制改革的目标是保证社会和经济的稳定发展，提高电力生产和用电的效率，确保向用户提供可靠和不间断的电力供应。该政府令也提出了为实现电力体制改革目标需要遵循的若干原则，其中一条原则是在俄罗斯建立具备竞争性的电力市场。2011 年，俄罗斯电力交易基本实现市场化，建成了包括电力批发和零售市场的电力交易市场。

6.2.2 俄罗斯电力市场基本模式

俄罗斯采用集中式电力市场模式，主要电量在日前市场进行交易，由调度集中优化确定节点边际价格，并通过平衡市场调整偏差。居民和同等类别用户供电由固定价格的监管合同保障并物理执行，通过容量市场保证长期稳定供电。俄罗斯电力市场结构如图 6-5 所示。

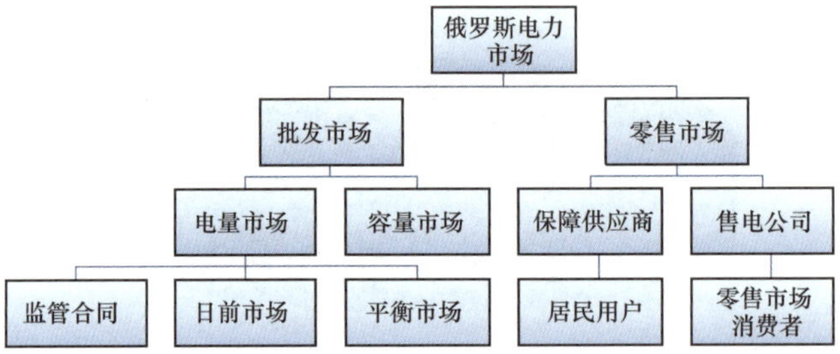

图 6-5　俄罗斯电力市场结构

俄罗斯电力市场区域分为第一市场区和第二市场区，两个市场区的电力交易独立组织开展，区域之间未开展市场化交易。第一市场区包含莫斯科地区、圣彼得堡地区和乌拉尔地区等 59 个联邦地区。第二市场区包含的联邦地区有图瓦共和国、阿尔泰边疆区、克麦罗沃地区、新西伯利亚地区、哈卡斯共和国、鄂木斯克地区和托木斯克地区。

非电力市场区域包括非市场化价格区和孤立电网区。非市场化价格区虽然建立了电力批发市场和零售市场，但由于人口稀少和用电量少，不具备以自由竞价的方式进行电力交易的条件，所有的交易都是按照管制电价进行。非市场化价格区包含的联邦地区有加里宁格勒地区、科米共和国、阿尔汉格尔斯克地区以及雅库特共和国、滨海边疆区、哈巴罗夫斯克地区、阿穆尔州、犹太自治区。孤立电网区内的电网没有与俄罗斯统一电力系统的电网相连接，按照管制电价进行电力零售交易。孤立电网区包含的联邦地区有堪察加半岛地区、萨哈林地区、楚科奇地区、雅库茨克地区、马加丹地区。

电能量市场包括监管合同、日前市场、平衡市场和自由合同。

监管合同——发电公司和售电公司通过签署监管合同按管制电价交易电量，这部分电量仅用于供给居民和同等类别用户。发电公司和售电公司每年签订一次监管合同。

日前市场——发电公司（售电方）、售电公司和大用户（购电方）通过网络客户端向TSA提交第二天实际供电日每一小时交易量和报价数据（买卖双方要在13：30前结束报价），TSA将数据上传至SO，SO综合考虑买卖双方所处节点（节点可视为固定的地理区域，包括该区域内的发电公司、电网、变电站和用户）的输电成本，形成节点均衡（边际）价格。SO将价格数据反馈至TSA，TSA在交易日当天17：00前在网站公布均衡价格，以供买卖双方结算电量。因为加权了输电成本，所以购电方的结算价格比售电方的报价高。

平衡市场——在日前市场中，买家购买每小时计划的电量，但偏差是不可避免的，实时偏差在平衡市场上交易。如果买家实际上消耗电量超过了在日前市场上购买的电量，就需要在平衡市场上购买必要的电量，如果消费量低于购买量，就卖掉剩余的电量。

自由合同——主要为发电公司之间签订合同，用于补偿因临时机组停运（检修或故障）所损失的电量。在第二市场区也有发电公司和大型用户（俄罗斯铝业联合公司）之间签订的自由合同。

容量市场包括监管合同、容量供给合同（Capacity Delivery Agreements，CDA）、容量竞标合同（Competitive Capacity Selection，CCS）、强制容量合同和自由容量合同。

监管合同——发电公司与售电公司通过签订容量监管合同按管制电价交易电量，这部分电量仅用于供给居民和同等类别用户。容量监管合同每年签署一次，容量监管合同的交易量不得超过市场总容量的35％。

容量供给合同（CDA）——新建（扩容）电厂以签署容量供给合同的形式交易容量，属于强制性供电容量，通过招标决定容量价格，能够保证在CDA结束时电厂收回全部固定成本和部分变动成本，并保证发电公司年收益率为12％～14％。

容量竞标合同（CCS）——已投产的发电公司通过容量竞标合同的方式交易容量，实行滚动招标制，每年竞标未来第四年的容量。

强制容量合同——为了保证社会供热，强制一部分热电厂保持一定的发电容量用来供热，强制容量合同每年签署一次。

自由容量合同——主要为发电公司之间签订，用来补偿因机组临时停运（检修或故障）所损失的发电容量。持续时间大部分不超过一个月。

电力零售市场是面对终端用户（非大型用户）的电力交易市场。售电公司从批发市场购得电量和容量后，通过统一核算以电量的形式出售给终端用户。不参与电力批发市场的小型发电公司（装机容量小于25MW）也可以在零售市场出售电量。

6.2.3 俄罗斯电力市场主要特点

纵观俄罗斯电力市场体系，主要呈现出以下特点：

（1）居民管制电价和非居民竞争电价并存，实行交叉补贴。

俄罗斯在采用竞争电价的同时，通过管制电价机制保障居民和同等类别用户供电（约占总发电量12%），管制电价与竞争电价并存机制如图6-6所示。管制电价由FAS和联邦政府制定，要求一般不得高于日前市场的价格。俄罗斯为了进一步降低居民电价，还采用了交叉补贴政策，抬高一般工商业的电价，用以补贴居民电价。

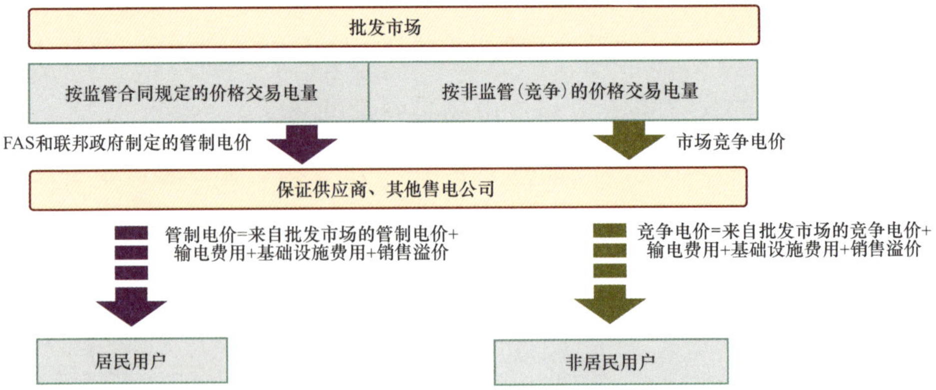

图6-6 管制电价和竞争电价并存机制

（2）通过容量市场激发发电投资积极性，促进新能源发展

俄罗斯容量市场的主要目标是预测电量消费增长水平和容量盈缺，保障供电容量，避免出现因电力紧缺而造成电价上涨。容量交易带来的收入保证了发电公司的收益，有效提高了发电公司投资和升级改造的积极性。同时，由于固定成本可通过容量市场回收，新能源发电能够和常规机组发电同等竞争参与电量市场。受益于较低的边际成本，新能源发电在参与市场时具备一定优势，有效保障了新能源发展和能源清洁低碳转型。

6.2.4 相关启示

一是居民等保障性供电需明确承担主体，并与竞争性市场妥善衔接。俄罗斯通过监管合同明确承担居民等保障性供电的发电企业及承担电量，由调度机构将监管合同分解并物理执行，不参与市场出清。我国保障性供电包括居民、农业、重要公共服务和公益性用电，规模比俄罗斯更大，需要在市场设计时明确承担主体，通过双边合同予以保证，并确定合同在市场中的定位和分解方式。

二是通过容量市场促进电源投资，平衡各类发电主体利益。俄罗斯通过完善的容量市场机制保障了火电、新能源发电、供热等各类机组的合理收益。当前我国由于煤价的上涨，火电企业经营压力普遍较大，燃气、抽水蓄能等机组发电的电价机制尚不完善，可通过探索容量市场机制，平衡各类发电主体利益，保障合理的收益水平。

7

印度电力市场化改革最新进展

印度电力市场化改革主要历程

1960年后 印度的电力工业逐渐由殖民地时期的私有企业变为全部由国家垄断，并先后成立了印度电力部（MOP）和印度中央电力管理局（CEA）等电力管理部门，在邦内成立了发、输、配、售垂直一体化的各邦电力局（SEB）。

1991年 出台《电力法（修订）》，主要是对私人和外国资本开放发电环节，鼓励建设独立发电企业（IPP）。

1992—1993年 成立国家电网公司、国家水电公司、国家火电公司等机构，一些邦开始拆分发、输和配环节，在德里和奥里萨邦开始配电公司私有化。

1998年 成立中央电力监管委员会和18个邦电力监管委员会，同时输电和配电公司开始向私有资本开放，成立了中央输电公司和邦输电公司。

2001年 印度政府通过《2001电力法案》，简化中央电力局的审批程序，对私人投资输电领域发放许可证，赋予邦电力部门更大权力等。

2003年 颁布新的电力法。法案取消了发电许可证制度，并且给予邦电力监管委员会更大的权力，不仅发放输电、配电和电力交易的许可证，还决定邦内的输电定价问题。该法案将促进电力行业竞争作为主要目标之一。

2005年 颁布了与2003年电力法相应的国家电力政策，开始执行输、配电网开放接入。

2007年 出台针对批发电力交易和电力交易所的规定。

2008年 颁布《输电项目鼓励竞争指南和输电服务竞标指南》。

2011 年 电力交易所开始交易可再生能源证书。

2014 年 印度中央电力监管委员会出台了《电价规则和条件法规》《电力市场（第一次修订）法规》。

2015 年 印度中央电力监管委员会发布了《辅助服务运营法规》。

2016 年 印度中央电力监管委员会出台《偏差结算机制和相关问题（第三次修订）法规》，加入了对于新能源发电方的优惠条款。

2017 年 印度中央电力监管委员会发布《印度新能源税务条例》，对新能源发电项目予以特别的税务优惠，在调度上予以优先接入。

2018 年 印度中央电力监管委员会发布《偏差结算机制及相关条例》（第四修正案）；探讨启动电力批发市场改革。

2019 年 印度中央电力监管委员会（CERC）发布《实时市场框架》。

背景阅读：印度电力市场概况

1. 电力工业结构

印度的电力工业管理部门为中央和邦两级体制，中央层面主要有印度电力部（MOP）、印度中央电力管理局（CEA）和印度中央电力监管委员会（CERC），邦层面主要有印度邦电力监管委员会（SERC）。CERC负责电力批发市场监管，SERC负责配电市场和零售市场监管。所有配电资产属于各邦所有，发电和输电资产则由联邦、邦政府和私有资产共同持有，其中发电环节私有比例最高，输配环节仍主要由联邦和邦政府持有。印度的发电、输电、交易和配售各环节的参与者众多，现有发电站600多座，输电业务许可证持有者30多个，配售许可证持有者70多个，电力交易所2个，交易许可证持有者40多个。调度系统为三级体系，包括全国调度中心、五个区域调度中心以及29个邦级调度中心。

2. 电力市场模式

印度电力市场主要以中长期双边交易为主，配电公司大约88%的电量通过最长25年的长期合同获得，剩余约12%的电量通过短期双边交易等方式平衡。集中交易主要在印度能源交易所（IEX）和印度电力交易所（PXIL）2个国家级电力交易所中开展，以跨邦交易为主。印度的两个交易所IEX和PXIL均于2020年6月1日推出了实时市场。两个电力交易所中开展的交易品种主要包括期前市场（最多提前11天的、灵活周期的交易）、周市场、日前市场、日内市场、实时市场等。报价方式为发电负荷双边报价，出清方式为按边际电价出清。

7.1 印度电力市场化改革进展概况

7.1.1 政策法规

2019 年 3 月 7 日，印度中央电力监管委员会（CERC）发布《电价法规》。该法规规定了各类型发电厂（机组）和输电系统（设备）电价的确定程序。在电价结构方面，规定发电厂电价由容量价格和能量价格两部分组成，输电系统电价只包括输电价格；在资本结构方面，规定了新建项目的债务权益比为 7∶3，如果股本超过 30%，超过 30%的部分视为规范性贷款。

2019 年 3 月 8 日，印度中央电力监管委员会（CERC）发布《跨境电力贸易法规》。该法规致力于整合南亚各国电网，实现区域联合交易，以进一步加强能源安全。在参与跨境电力贸易市场主体方面，法规明确印度及周边邻国的市场主体可以通过以下三种方式跨境进出口电力：一是两个国家之间的双边协议；二是市场竞价；三是市场主体之间的协议。在制度框架方面，规定印度国家能源部、输电规划机构、结算机构、负荷调度中心等部门要为跨境电力贸易提供支持。在电价方面，规定电价根据政府之间签署的协议或竞标确定。在市场准入方面，规定长期和中期市场准入需要向印度中央传输公用事业部门（Central Transmission Utility，CTU）申请，短期市场准入需要向印度国家负荷调度中心（National Load Despatch Center，NLDC）申请。

7.1.2 电力发展

（一）电源建设

根据印度中央电力局统计数据，2019 年 4—12 月新增发电容量 5.4GW，相比上年同期上升 139.9%，2018、2019 年印度新增发电容量如表 7-1 所示。截至 2019 年 12 月 31 日，印度全国的总发电装机容量为 367.3GW。其中，从电源结构来看，火电占 62.81%，核电占 1.85%，水电占 12.36%，新能源（RES）占 22.98%，印度发电装机容量及其构成如图 7-1 所示；从所有权结构来看，中央、邦和私有的装机容量占比分别为 25%、28%、47%，印度发电装机容量的所有权构成如图 7-2 所示。

表 7-1　　2018、2019 年印度新增发电容量　　MW

类别	2018 年 4—12 月	2019 年 4—12 月
火电	2129.8	5445
水电	140.0	0
核电	0	0
总计	**2269.8**	**5445**

2019 年 4—12 月印度总发电量为 950.4TW·h，比上年同期增长 0.1%，2018、2019 年印度发电量及增长率见表 7-2。其中，火电发电量占 82.0%，水电发电量占 13.6%，核电发电量占 3.8%，从不丹进口的电量占 0.6%。

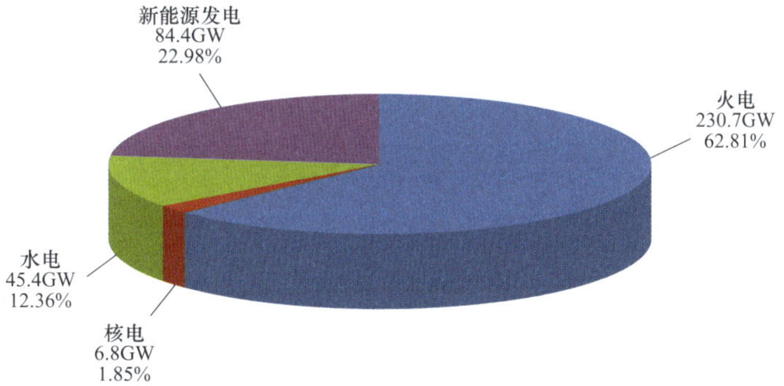

图 7-1　截至 2019 年 12 月 31 日印度发电装机容量及其构成[1]

[1] 数据来源：印度中央电力管理局（CEA）网站 http://www.cea.nic.in/reports/monthly/executivesummary/2018/exe_summary-12.pdf。印度发电装机容量为 349 288.22MW。新能源（RES）发电包括利用风力、小水力、生物质气化机组、生物质、城市或工业废物、太阳能等新能源发电。

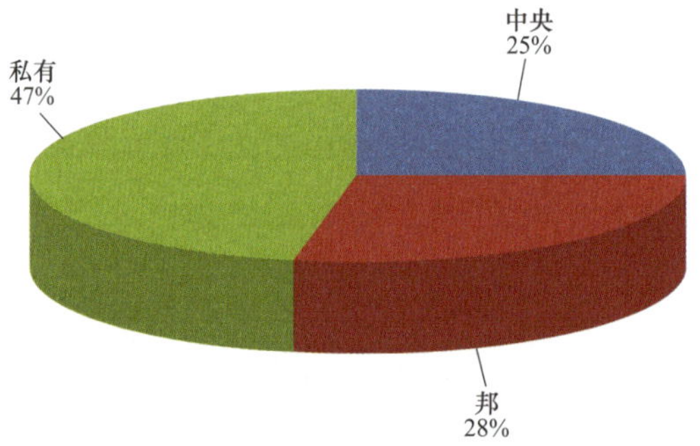

图 7 - 2　截至 2019 年 12 月 31 日印度发电装机容量的所有权构成

表 7 - 2　　2018、2019 年印度发电量及增长率　　TW·h

类别	2018 年 4—12 月	2019 年 4—12 月	增长率
火电	805.4	779.6	－3.2%
水电	111.7	129.5	16.0%
核电	28.5	35.7	25.4%
从不丹进口	4.3	5.6	28.4%
总计	**949.9**	**950.4**	**0.1%**

（二）电网发展

2019 年 4—12 月印度新建输电线路回路总长 7837km，比上年同期下降 47.7%，2018、2019 年印度新增输电线路回路长度见表 7 - 3。其中，765kV、400kV 和 220kV 新增线路长度占比分别为 12.7%、35.4%、51.9%。在当年的新增输电线路长度中，中央、邦、私有的占比分别为 30.0%、66.4%、3.6%。

表 7 - 3　　2018、2019 年印度新增输电线路回路长度　　km

电压等级	2018 年 4—12 月	2019 年 4—12 月
±800kV HVDC	0	0
±500kV HVDC	0	0
765kV	4413	995
400kV	5601	2774
220kV	4960	4068
总计	**14 974**	**7837**

2019年4—12月印度新增输电容量53 050MV·A，比上年同期上升10.4%，2018、2019年印度新增输电容量见表7-4。其中，±800kV HVDC、±500kV HVDC 、765kV、400kV和220kV新增输电容量占比分别为2.8%、0%、25.5%、44.1%、27.6%。在当年的新增输电线路容量中，中央、邦、私有的占比分别为49.26%、46.97%、3.77%。

表7-4　　2018、2019年印度新增输电容量　　MV·A

电压等级	2018年4—12月	2019年4—12月
±800kV HVDC	0	1500
±500kV HVDC	0	0
765kV	14 000	13 500
400kV	20 755	23 405
220kV	13 300	14 645
总计	**48 055**	**53 050**

截至2019年12月31日，印度输电线路的总长度为421 244km，其中，±800kV HVDC、±500kV HVDC、765kV、400kV和220kV的线路长度占比分别为1.45%、2.24%、10.16%、43.57%、42.58%；中央、邦和私有的线路长度分别占38.26%、54.37%、7.37%。同时，截至2019年12月31日，印度的总输电容量为952 713MV·A，其中，±800kV HVDC、±500kV HVDC、765kV、400kV和220kV的输电容量占比分别为1.1%、1.42%、23.62%、35.33%、38.53%；中央、邦和私有的输电容量分别占39.3%、57.0%、3.7%。印度跨区域输电容量在2019年11月达到100.6GW。

（三）电力供需

印度长期以来电力供应一直不足，电力供需形势较为严峻。但印度电力部（MOP）最新的年报数据显示，近十年来，随着电力的快速发展，印度的电能供需缺口和高峰时段的电力缺口开始呈现下降趋势，2009—2019 年印度电力供需情况见表 7-5。2018—2019 财年[1]，印度的电量需求为 1274.6TW·h，可用电量为 1267.5TW·h，电量缺口为 0.6%；高峰时段电力需求为 177.0GW，满足量为 175.5GW，电力缺口为 0.8%。

表 7-5　　2009—2019 年印度电力供需情况

年份	电能				峰值			
	需求	可用量	缺口		需求	满足量	缺口	
	(TW·h)	(TW·h)	(TW·h)	(%)	(GW)	(GW)	(GW)	(%)
2009—2010	830.6	746.6	84.0	10.1	119.2	104.0	15.2	12.7
2010—2011	861.6	788.4	73.2	8.5	122.3	110.3	12.0	9.8
2011—2012	937.2	857.9	79.3	8.5	130.0	116.2	13.8	10.6
2012—2013	995.6	908.7	87.0	8.7	135.5	123.3	12.2	9.0
2013—2014	1002.3	959.8	42.4	4.2	135.9	129.8	6.1	4.5
2014—2015	1068.9	1030.8	38.1	3.6	148.2	141.2	7.0	4.7
2015—2016	1114.4	1090.9	23.6	2.1	153.4	148.5	4.9	3.2
2016—2017	1142.9	1135.3	7.6	0.7	159.5	156.9	2.7	1.6
2017—2018	1213.3	1204.7	8.6	0.7	164.1	160.8	-3.3	2.0
2018—2019	1274.6	1267.5	7.1	0.6	177.0	175.5	-1.5	0.8

7.1.3 市场概况

（一）电力市场结构变化情况

印度在 2003 电力法的指导下，对垂直一体化的邦电力局（SEB）拆分重组，逐步成立了发、输、配各环节独立的公司。总体来看，印度所有邦/区域都成立了邦电力监管委员会（SERC）；除个别邦之外，已有 20 多个邦/区域实

[1] 指 2018 年 4 月至 2019 年 3 月，下同。

现了邦电力局（SEB）的拆分重组或公司化。

（二）电力市场建设进展情况

近年来，印度启动了电力批发市场改革。印度的批发市场参与者有四类：一是发电商，从发电厂向交易公司/电力交易所或直接向配电公司交易和出售电力；二是交易公司/电力交易所，建设运营电力市场，组织开展电力交易；三是负荷调度中心，通过与市场参与方实时调节满足负荷供需平衡；四是配电公司，从发电商直接购买电力或从交易公司竞价购买电力并出售给用户。印度批发市场结构如图 7-3 所示。

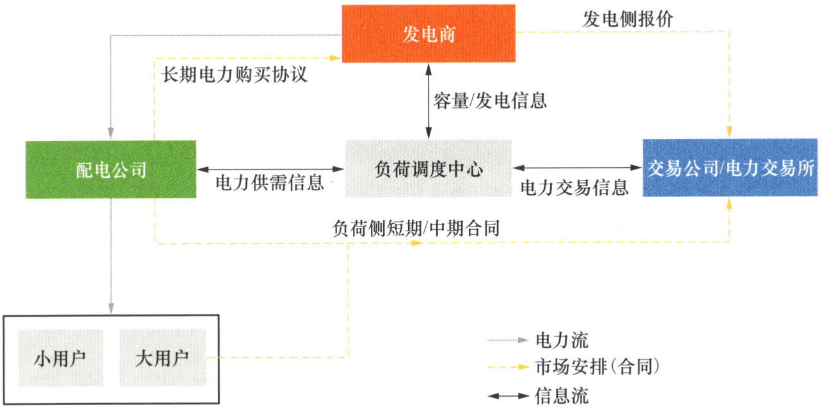

图 7-3　印度批发市场结构

印度批发市场合同类型有长期、中期和短期三种。长期（不小于 7 年）合同，即发电商与配电公司或州政府签订谅解备忘录，根据监管机构确定的电价或通过竞标确定的电价，在固定期限内售电；中期（1～5 年）合同，即发电商与售电公司竞标，签订中期合同；短期（0～1 年）合同交易主要包括双边交易（跨邦交易许可商之间的双边交易和配电公司之间的直接双边交易）、电力交易所交易和偏差结算机制（Deviation Settlement Mechanism，DSM）的交易三类，其中电力交易所交易主要通过印度能源交易所（IEX）和印度电力交易所有限公司（PXIL）执行。

（三）电力市场运营情况

2018—2019 年，印度短期电力交易量约为 145.2TW·h，总发电量约为 1245.3TW·h，短期电力交易总量占总发电量的比例约为 11.66%。短期电力交易中的双边交易、电力交易所交易和偏差结算机制（DSM）交易分别占总发电量的 5.34%、4.3%、2.02%。中长期交易占总发电量的 88.34%，大多数发电商与配售电公司签订长期电力购买协议（最长 25 年），其余为中期合同（最长 5 年）。2018—2019 年印度各类电力交易量的占比情况如图 7-4 所示。

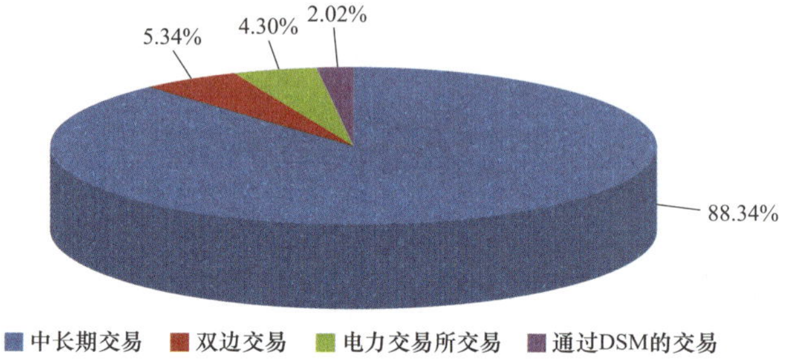

图 7-4　2018—2019 年印度各类电力交易量占比情况

在短期电力交易中，2018—2019 年，印度双边电力交易量为 66.6TW·h，占短期交易量的 45.9%；IEX 和 PXIL 两家电力交易所的交易量为 53.5TW·h，占短期交易 36.8%；通过偏差结算机制（DSM）的交易量为 25.1TW·h，占短期交易量的 17.3%，2018—2019 年印度短期电力交易中各部分占比如图 7-5 所示。

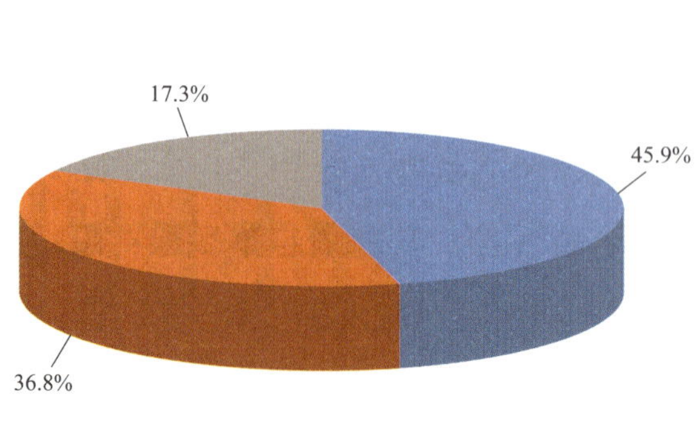

图 7-5　2018—2019 年印度短期电力交易量中各部分占比

7.1.4 电力价格

（一）零售电价

印度配电公司长期实行用户间电价交叉补贴，收取的电费不能反映成本。整个印度的平均供电成本从2008—2009年度的3.4卢比/（kW•h）上升到2015—2016年度的5.4卢比/（kW•h），平均收入（没有补贴）在此期间从2.6卢比/（kW•h）上升到4.2卢比/（kW•h）。然而，在此期间，供电成本和收入之间的差距有所扩大，电费收入占供应成本的百分比为73%～80%，即所有类别用户的加权平均电价比加权平均供电成本低20%。

2019—2020年印度平均零售电价为96.3美元/（MW•h），同比上涨1.5%，低于2018—2019年零售电价涨幅（2.7%），2011—2020财年印度全国平均零售电价如图7-6所示。尽管配电企业财务压力不断增加，但在政策干预下，多邦的电价并未上涨。居民电价继续受工业和商业电价补贴。印度已经提出几项和结构转型相关的措施，但受疫情影响，预计措施落地时间会有所延后。

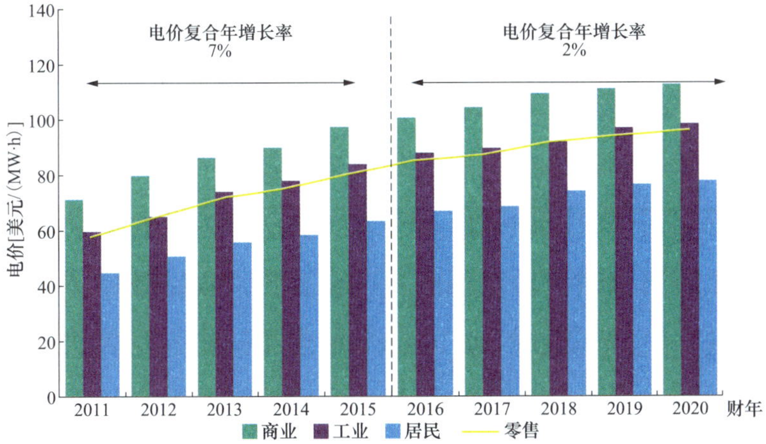

图7-6 2011—2020财年印度全国平均零售电价[1]

[1] 2020财年指2019年4月—2020年3月，即2019—2020年。CAGR指复合年增长率，1美元=75.6卢比。

（二）批发电价

印度电力批发市场主要由印度能源交易所（IEX）和印度电力交易有限公司（PXIL）负责运营，其中，印度能源交易所（IEX）有 6600 多个市场成员，覆盖 29 个邦、5 个联邦属地；印度电力交易有限公司（PXIL）有 3883 个市场成员，覆盖 13 个交易地区。IEX 是印度最大的电力交易所，其交易电量约占总电量的 97%。根据 IEX 网站数据，2019—2020 财年，批发买卖申报电量分别为 59.6、111.8TW•h，买卖申报比 53.3%，成交量 49.3TW•h，成交均价 3.0 卢比/（kW•h），即约合 0.04 美元/（kW•h）。2013—2019 财年印度电力批发市场价格指数如图 7 - 7 所示，以 2012 财年为基准年，电力批发价格指数为 100。由于短期市场流动性不足、市场交易品种不健全等因素影响，电力批发市场价格指数自 2017 年以来增长较快。政府已通过 2003 年《电力法》修正案（2018 年 9 月版）和电力行业五年愿景文件（2019 年 6 月版），旨在推出新的远期和期货产品，以深化市场改革。《电力法》拟议修正案还提议将配电和售电业务分开，对零售市场实施改革。

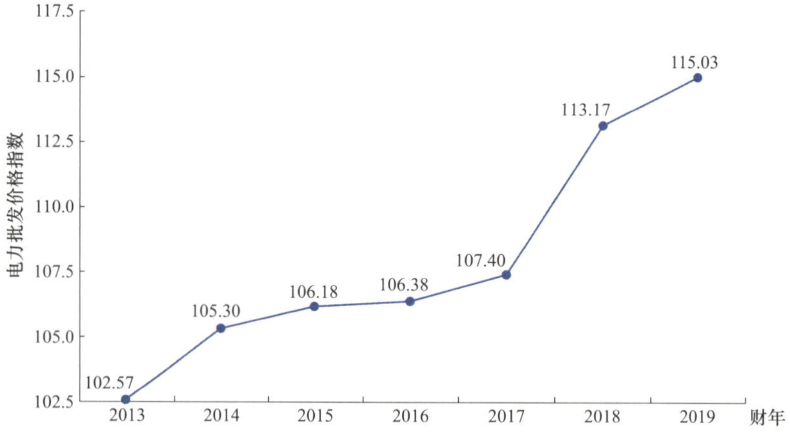

图 7 - 7　2013—2019 财年印度电力批发市场价格指数❶

❶ 数据来源：Statista 2020。

7.2 印度电力市场化改革相关事件分析——印度颁布实时电力市场框架

7.2.1 改革背景

印度电力市场化改革起步于20世纪90年代初，并在2003《电力法》颁布后进入了新一轮改革和较快发展时期。近年来，为满足日益增长的能源电力需求，印度进一步加快电力市场建设与改革步伐。

印度的电力市场以中长期双边交易为主，即配电公司大约88%的电量通过长期电力购买协议（Power Purchase Agreement，PPA）[1] 获得，剩余约12%的电量通过短期电力交易（1年之内）平衡。集中交易主要在印度能源交易所（IEX）和印度电力交易有限公司（PXIL）两个交易所开展，以跨邦交易为主。两个电力交易所中开展的交易品种主要包括期前市场（最多提前11天的、灵活周期的交易）、周市场、日前市场、日内市场等。印度电力交易经历了单一买方/卖方、多家买方/卖方、场外交易市场、交易所集中交易等阶段，电力交易的流动性与效率得到了一定提升。

然而，印度短期电力市场中配电公司与发电商的双边交易仍占较大比重，交易双方自行安排合约机组发电计划，而电力交易所的交易流动性较低，资源利用的经济性和有效性不足。对此，印度中央电力监管委员会提议设立针对跨邦交易的集中式实时电力市场，以更好地促进全国范围内资源的高效、优化配置，为配电公司提供在合约机组之外购买更廉价电力的机会。

7.2.2 改革措施

2019年12月27日，印度中央电力监管委员会（CERC）颁布了三项修正

[1] 大多数发电商与配售电公司签订长期电力购买协议（最长25年），其余为中期合同（最长5年）。

法规，为印度实时电力市场（Real - Time Market，RTM）建立了基本框架。三项修正案包括《印度电网（第六次修订）2019 法规》《跨邦输电的开放接入（第六次修订）2019 法规》以及《电力市场（第二次修订）2019 法规》。CERC 明确了实时市场框架，提出了实时市场的电力交易时间表，要求引入关闸机制，并对输电能力要求、利润共享计划、能力建设/基础设施扩充、拍卖设计/价格发现/市场运作、收费标准以及偏差、清算和结算方式等关键问题都做出了相关要求和说明。

2020 年 6 月 1 日，印度两个电力交易所 IEX 和 PXIL 都正式上线，运营印度实时电力市场。具体来看，印度实时电力市场包括以下特点。

（一）电力交易时序

印度实时电力市场以 30min 为间隔，将全天划分为 48 个交易时段。每轮实时市场交易包括四个阶段：①$T-75 \sim T-60$（T 为交易时间，单位为 min），实时市场组织集中竞价；②$T-60 \sim T-45$，实时市场集中竞价关闸，进入集中出清阶段；③$T-45 \sim T$，交易结果公布后发电企业和电力调度机构安排发电计划；④$T \sim T+30$，发电企业和电力调度机构按照出清结果执行发电计划。印度电力交易时序如图 7 - 8 所示。

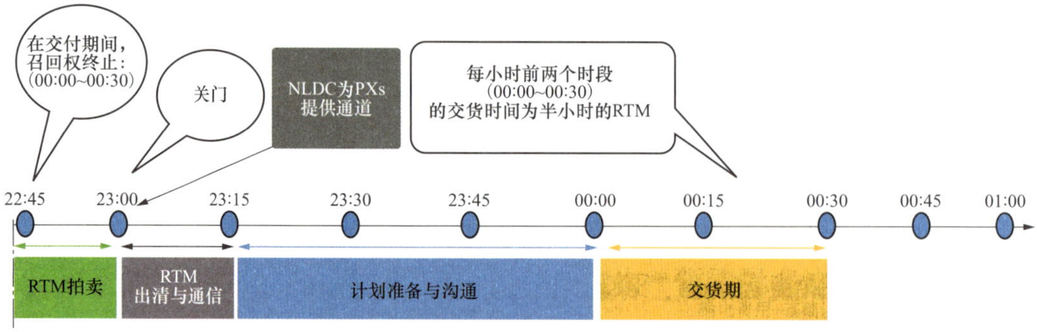

图 7 - 8　印度电力交易时序

（二）关闸机制

印度实时电力市场引入了关闸机制，即达到每轮实时市场交易的闭门时间后，实时市场参与主体的竞价信息不能更改。由于印度电力市场总体架构为分散式市场和自调度模式，部分市场主体认为关闸机制限制了发电机组的自调度权力，因而反对引入关闸机制。

（三）输电容量分配

印度实时电力市场定位于跨邦电力交易，各电力交易所开展的电力交易在同一输电通道上的输电容量分配有两种方式，一是按各电力交易所在日前市场清算量中所占的比例分配，但对份额较小的电力交易所的可用容量至少为10%；二是基于 CERC 通过行政命令方式决定。

（四）市场结算

参与电力实时市场交易的买方/卖方在每轮实时市场竞价时段进行买卖报价，竞价信息包括未来 2 个 15min 时段的量价信息。为了平衡配电公司和发电商的利益，CERC 要求发电商以 1∶1 的比例与配电公司分享净收益（扣除电费后），但发电商的收益上限为 7 便士/（kW·h），余额归受益人。

7.2.3 相关启示

随着 RTM 的推出，印度能源市场正在向全球标准的电力交易迈进，并推动在建立新的能源秩序。新的细分市场将促进印度电力部门灵活性、竞争性和效率提升。同时，实时市场对于印度还是一个新事物，还需要各利益相关方的共同努力和磨合。后续，CERC 也将推动建立辅助服务市场及其他必要的市场机制完善工作。我国可从中得到以下启示。

一是积极推动全国统一电力市场建设，加强市场政策和规则统筹协调，促进各省市场融合开放、促进全国范围内资源优化配置。印度正在积极推进跨邦电力市场建设。我国能源供需逆向分布、地区间能源资源禀赋、经济发展水平差异显著、清洁能源迅猛发展等特点，决定了我国资源大范围优化配置需求具有更加突出的特点。截至 2019 年，我国采用统一市场、两级运作模式，为便于未来各省市场融合开放，省市场模式应具有良好的开放性、兼容性和可扩展性。同时，需要规范省间交易与省内交易的时序衔接、接口标准等，做好省间省内市场的衔接协调。

二是进一步探索建立包含中长期市场与现货市场、辅助服务市场、容量市场等在内的多元化市场架构。电力市场是由不同层次、不同种类、不同规模、不同空间子市场形成的有机整体。各种交易有机衔接、各类市场协调运作，才能形成一个功能完备、机制健全的市场体系。此次印度在日前市场基础上，进一步推出实时市场，旨在进一步提高资源配置效率和效益。随着我国现货试点的不断推进，在中长期与现货电能交易的基础上，需要逐步建立辅助服务市场、容量市场、可再生能源配额等交易品种，形成完整电力市场体系。

8

澳大利亚电力市场化改革最新进展

澳大利亚电力市场化改革主要历程

1990 年 澳大利亚国有垂直一体化电力企业被拆分为发、输、配、售 4 个环节，发电和售电环节首次引入竞争。

1991 年 澳大利亚国家电网管理委员会（National Grid Management Council）成立。

1996 年 澳大利亚《国家电力法》通过，国家电力市场管理公司（NEMMCO）成立。

1998 年 澳大利亚国家电力市场开始运营，包括昆士兰、新南威尔士、维多利亚、南澳和首都特区。昆士兰未与其他地区相连。

2004 年 澳大利亚能源市场委员会（AEMC）和澳大利亚能源监管机构（AER）成立。

2005—2006 年 塔斯马尼亚加入澳大利亚国家电力市场，在 2006 年实现与国家电力市场物理互联。

2009 年 成立了澳大利亚能源市场运营机构，涵盖了原国家电力市场管理公司的职能。

2016 年 北领地正式纳入澳大利亚《国家电力条例》。

2017 年 AEMC 通过了对当地电力市场结算规则进行修改的草案，将实时市场财务结算的时间间隔由 30min 调整为 5min。

2018 年 AEMC 发布了批发市场用户侧的统一结算框架。

2019 年 开始运营容量交易平台和日前容量拍卖。

背景阅读：澳大利亚电力市场概况

1. 电力工业结构

澳大利亚除北部特区与西澳大利亚之外的其他各州已于2017年形成发输配售分开、发电侧和售电侧竞争、输配电政府管制、公司化运营的管理体制。电力监管机构包括澳大利亚政府理事会（CoAG），为最高监管机构，负责制定总体能源战略；澳大利亚能源理事会（EC），总体负责能源资源政策的制定和市场发展；澳大利亚能源监管机构（AER），具体负责监管政策和市场政策执行；澳大利亚能源市场委员会（AEMC），具体负责制定能源市场规则；澳大利亚能源市场运营机构（AEMO），具体负责能源市场的运作；澳大利亚能源消费者协会（ECA），维护能源消费者的权益，代表能源消费者进行发声，增强能源消费者特别是居民和小型工商业能源用户在能源政策制定中的话语权。

澳大利亚发电环节有5大发电企业，包括CS能源（CS Energy），AGL能源公司（AGL Energy），起源能源公司（Origin Energy），澳大利亚能源公司（Energy Australia），斯坦韦尔公司（Stanwell）。国家电力市场范围内有5家州内输电公司、3家跨州输电公司和13家配电公司。售电市场的市场集中度较高，全国范围内有4家规模较大的售电企业，包括Origin Energy，AGL Energy，Energy Australia，Ergon Energy，发售一体化企业占比较高。在市场驱动下，澳大利亚电力市场发售环节逐渐融合，三大发售一体化公司售电市场份额已超过60%。

2. 电力市场模式

澳大利亚有国家电力市场（NEM）和西澳大利亚电力市场两个电力市场，其中NEM于1998年开始运行，供电负荷占澳大利亚全国用电量的85%以上；西澳大利亚电力市场于2006年开始运行。NEM的调度和交易均由AEMO承担，采用了强制性电力库（Pool）模式，发电侧单边竞价，用户侧不参与。调度和交易业务均由AEMO负责。NEM采用分区电价，并以州作为价区划分的物理边界，包括昆士兰州（Quensland，QLD）、新南威尔士州（含首都直辖区）（New South Wales，NSW）、南澳大利亚州（South Australia，SA）、维多利亚州（Victoria，VIC）和塔斯马尼亚州（Tasmania，TSA）五个互联的价区。

为保证电力系统在现货市场中安全可靠运行，AEMO还开展了调频、调压等辅助服务市场，确保整个电力系统频率、电压等关键指标维持在正常水平。为了降低现货市场交易中价格波动的风险，发电商和零售商也可选择参与电力金融市场，在政府批准的证券期货交易所（Australian Securities Exchange，ASX）或者通过场外交易（OTC），开展差价合约、电力期货、期权等金融衍生品交易。

8.1 澳大利亚电力市场化改革进展概况

8.1.1 政策法规

2019年6月20日，AEMC向NEM宣布将对私营电网的管理纳入NEM的监管框架。针对私营电网不能向用户提供竞争性电价、缺乏监管以及运营透明性不足等问题，该草案指出私营电网的运营需要遵循《国家电力法》（National Electricity Law）、《国家能源零售法》（National Energy Retail Law）等法案，不能达到服务标准的私营电网运营商将被强制退出市场竞争。

2019年8月15日，AEMC发布了在市场异常情况下变更AEMO干预市场的措施和补偿机制的决议。为了减少AEMO的市场干预措施对市场价格的扭曲，AEMC修改了市场干预和补偿的机制：一是降低市场干预带来的补偿费用，将每5min交易间隔最高补偿费用设置为5000美元；二是修改了市场异常情况下启用干预价格的规则。

2019年10月14日，AEMC向澳大利亚政府理事会（CoAG）提出了引入节点电价和输电权交易的市场设计方案。该方案旨在提高发电商、储能运营商的市场收益，并通过价格信号引导其投资在合适的电网位置；提高价区内和价区间合约市场的流动性；降低用户的购电成本；促进电源和电网协调发展。AEMC提议四年后开始执行该提案，还需要对该提案做量化分析。

2020年3月5日，AEMC决定暂不开设周市场。2018年12月20日，AEMO向AEMC提出引入周市场，使用当前国家电力市场的结算、出清机制运营，市场参与者可以在AEMO发出调度计划的前一周签订购电合同。最终，AEMC否决了该提议，认为当前NEM对短期套期保值产品的需求有限，且现有的市场机制可以实现套期保值。另外，该短期合同不会刺激长期电网投资和需求侧响应服务，对运行可靠性的提升也有限。

8.1.2 电力发展

（一）电源发展

2019 年，澳大利亚总发电装机容量为 60.83GW，其中燃煤发电机组的装机容量为 23.01GW，占总装机容量的 37.81%；燃气发电机组的装机容量为 12.06GW，占总装机容量的 19.83%；水电的装机容量为 7.98GW，占总装机容量的 13.12%；风电的装机容量为 6.14GW，占总装机容量的 10.09%；光伏发电的装机容量为 10.64GW，占总装机容量的 17.49%；其他能源发电的装机容量为 1GW，占总装机容量的 1.66%。2012—2019 财年澳大利亚 NEM 装机容量变化情况如图 8-1 所示，从图中可以看出，NEM 电源结构中燃煤发电机组逐渐被风电和光伏发电机组替代。在 2014—2017 财年，退役的燃煤发电机组总容量达到 4153MW。2016 年开始，大量风电场和光伏电站开始接入电网，其

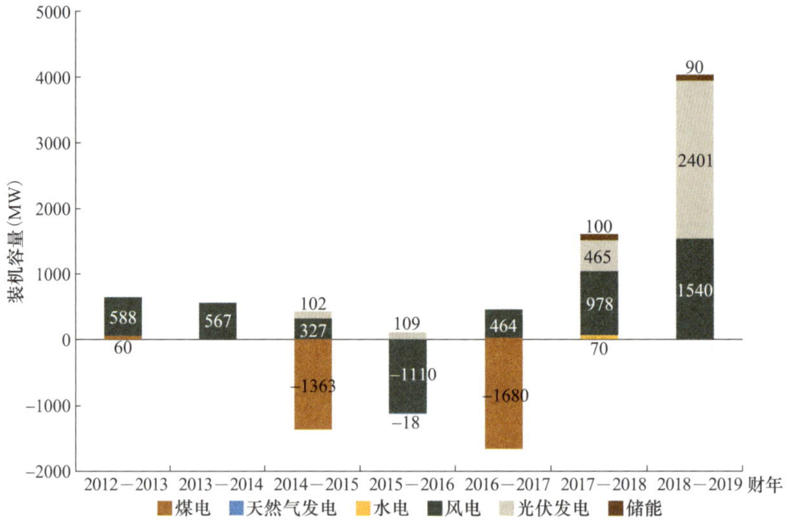

图 8-1 2012—2019 财年澳大利亚 NEM 装机容量变化情况[❶]

❶ 数据来源：澳大利亚能源管理局（AER）。

中 2016—2019 财年风电增加的总装机容量达到 2982MW，2016—2019 财年光伏发电增加的总装机容量达到 2866MW。

（二）电网发展

NEM 中输电网线路的总长度达 43 308km，传输总容量达到 46.2GW，总资产规模达到 210.9 亿澳元，2018—2019 财年的输电量达到 178.1TW·h。配电网线路的总长度达 74.74 万 km，传输总容量达到 34.1GW，总资产规模达到 743.46 亿澳元，2017—2018 财年的输电量达到 144.1TW·h，服务的用户数超过 1028 万户。NEM 中输电网公司和配电网公司的基本信息见表 8-1、表 8-2。2006—2018 年输电网和配电网的总投资费用如图 8-2 所示。从图 8-2 中可以看出，2006—2012 年的电网投资持续增加，达到最高点后开始下降，在 2016 年达到投资低谷后又开始逐年增加。2018—2019 财年输电网和配电网收益中各项成分的占比分别如图 8-3、图 8-4 所示。可以看出，资本回报和经营费用在输电网和配电网收益中占比较大，达 69%以上。

表 8-1　　NEM 中的输电网公司❶

输电网公司	属地	线路长度（km）	传输容量（MW）	资产所有者
Powerlink	昆士兰	14 527.50	11 967.86	昆士兰政府
TransGrid	新南威尔士	13 089.49	18 500.00	Hastings 公司 20%；Spark 基础设施公司 15%；其他私有资产 65%
AusNet Services	维多利亚	6623.72	10 005.42	已公布公司（新加坡电力 31.1%；国家电网公司 19.9%）
ElectraNet	南澳大利亚	5522.17	3239.96	国家电网公司 46.6%；YTL 电力投资公司 33.5%；Hastings 投资管理公司 19.9%
TasNetworks	塔斯马尼亚	3545.20	2469.60	塔斯马尼亚政府

❶ 数据来源：澳大利亚能源管理局（AER）。

表 8-2　　NEM 中的配电网公司[1]

配电网公司	属地	线路长度(km)	传输容量(MW)	资产所有者
Energex	昆士兰	54 266	5 364	昆士兰政府
Ergon Energy	昆士兰	151 976	3 295	昆士兰政府
Ausgrid	新南威尔士	41 847	5493	新南威尔士政府 49.6%；IFM 投资公司 25.2%；AustralianSuper 公司 25.2%
Endeavour Energy	新南威尔士	37 543	4457	私营财团 50.4%；新南威尔士政府 49.6%
Essential Energy	新南威尔士	192 204	2457	新南威尔士政府
Evoenergy	新南威尔士	5384	658	Icon 配电投资公司 50%；Jemena 公司（国家电网公司 60%；新加坡电力 40%）50%
AusNet Services	维多利亚	45 115	1900	已公布公司（新加坡电力 31.1%；国家电网公司 19.9%）
CitiPower	维多利亚	4536	1369	长江基建/电力资产控股有限公司 51%；Spark 基础设施公司 49%
Jemena	维多利亚	6568	1027	Jemena 公司（国家电网公司 60%；新加坡电力 40%）
Powercor	维多利亚	75 412	2632	长江基建/电力资产控股有限公司 51%；Spark 基础设施公司 49%
United Energy	维多利亚	13 382	2152	长江基建/电力资产控股有限公司 66%；Jemena 公司 34%（国家电网公司 60%；新加坡电力 40%）
SA Power Networks	南澳大利亚	89 311	2869	长江基建/电力资产投股有限公司 51%；Spark 基础设施公司 49%
TasNetworks	塔斯马尼亚	22 767	259	塔斯马尼亚政府

[1] 数据来源：澳大利亚能源管理局（AER）。

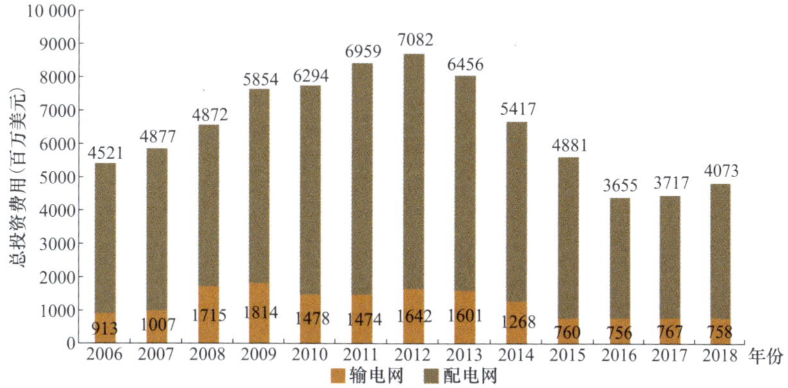

图 8-2　2006—2018 年输电网和配电网的总投资费用[1]

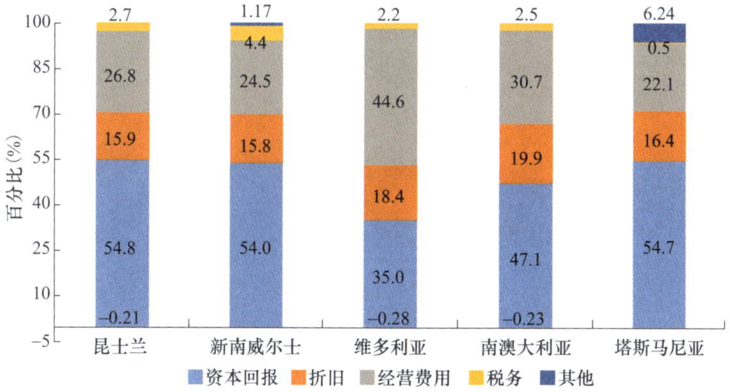

图 8-3　2018—2019 财年输电网收益中各项成分占比[1]

注：其他收益的负值表示向下调整，以反映对电网运营绩效不佳的惩罚和/或对前年过度收益的调整。

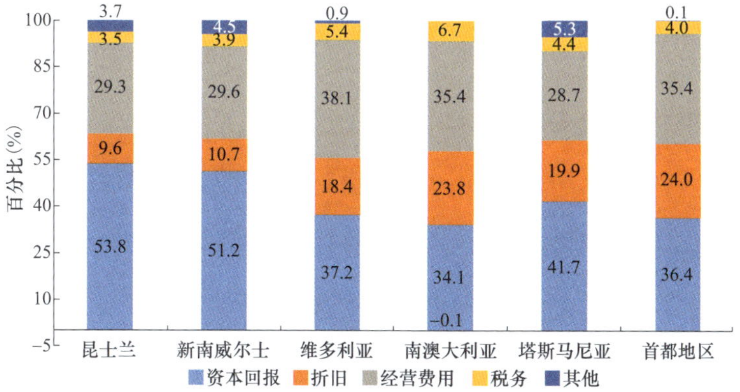

图 8-4　2018—2019 财年配电网收益中各项成分占比[1]

注：其他收益的负值表示向下调整，以反映对电网运营绩效不佳的惩罚和/或对前年过度收益的调整。

❶ 数据来源：澳大利亚能源管理局（AER）。

（三）电力供需

2018—2019 财年 NEM 最大负荷为 33.94GW，总用电量为 195.69TW·h，总发电量为 204.87TW·h，其中燃煤（包括黑煤与褐煤）发电发电量为 144.53TW·h，占比为 70.55%；天然气发电发电量为 15.81TW·h，占比为 7.71%；水电发电量为 15.26TW·h，占比为 7.45%；风电发电量为 15.64TW·h，占比为 7.63%；光伏电站发电发电量为 3.42TW·h，占比为 1.67%；屋顶光伏发电发电量为 9.17TW·h，占比为 4.48%。其他电源发电发电量为 1.04TW·h，占比 0.51%。2018—2019 财年各类型机组发电量占比分布如图 8-5 所示。

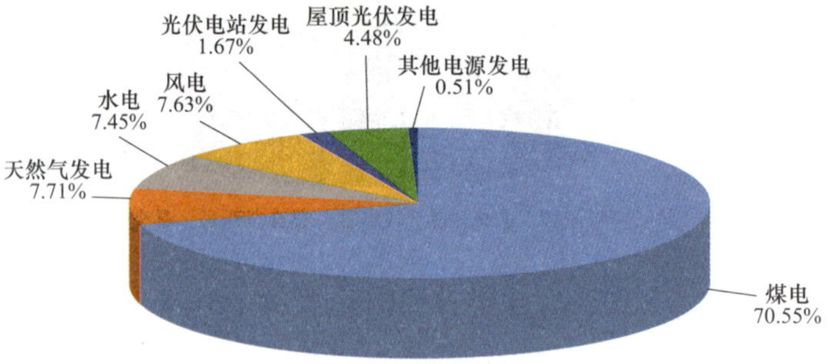

图 8-5　2018—2019 财年各类型机组发电量占比❶

8.1.3　市场概况

（一）电力市场结构变化情况

2013—2019 财年 NEM 中各州 HHI 指数变化范围如图 8-6 所示，从图 8-6 可以看出在 2013—2019 财年，各州的 HHI 指数均值均在 2000 以上，属于高寡占 II 型市场。由于塔斯马尼亚州仅有一家发电商，HHI 指数达到 10 000，故未在图中展示。另外，由于近几年来大量燃煤机组退役，南澳大利亚州在风电和光伏发电出力下降时刻出现了电力供需紧张的情况。

❶ 数据来源：澳大利亚能源管理局（AER）。

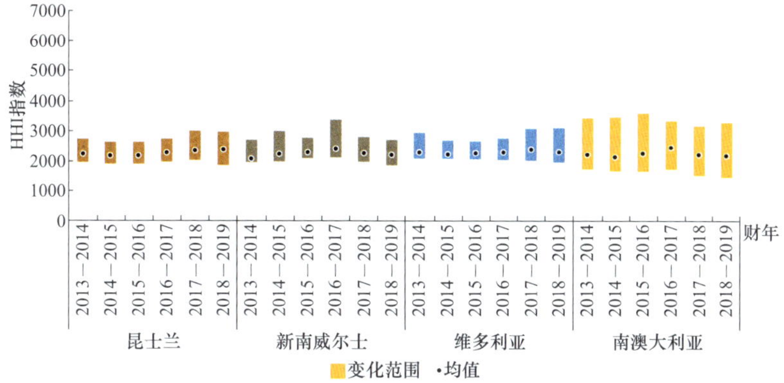

图 8-6 2013—2019 财年 NEM 中各州 HHI 指数变化范围

（二）电力市场建设进展情况

一是增加了输电网络服务商提供电力系统最低惯性保障的义务。随着风电和光伏发电等非同步机组大量并入电网，澳大利亚国家电力系统的惯性供应减少，从而限制了系统应对由于供电或负荷的显著变化而导致的频率快速变化的能力。为此，AEMC 规定输电网络服务商（Transmission Network Service Providers，TNSP）有义务提供并维持电力系统安全运行所需的最低惯性水平，并在未来适时引入惯性辅助服务。

二是批发市场用户侧对所有零售商采用了统一结算机制。NEM 中由于技术问题、财务问题、电量预测误差等造成的未计入电量由地方零售商承担。随着零售市场的竞争日趋激烈，大量的新零售商开始涌入市场，地方售电商在零售市场中的份额逐渐下降，有的在零售市场的占比甚至已经低于 15%。此时，零售市场中未计入电量全部由地方零售商来承担已不再合适。因此，NEM 的电力批发市场在交易结算时对所有零售商统一结算，保证了零售市场的公平性和公正性，有效促进了零售市场的公平竞争。

三是 NEM 的交易结算时间间隔由 30min 变更为 5min。20 世纪 90 年代，由于计量和数据处理设备的技术限制，NEM 早期采用了 5min 调度和 30min 结算的时间间隔。由于 30min 结算时间间隔较长，不但削弱了发电商对灵活性技术投资的激励作用，而且降低了发电商参与调频和调峰的积极性。此外，市场历史数据已经证实，结算时间较长会增加供电成本。因此，AEMC 决定自 2021 年 7 月起，将 NEM 结算时间间隔从 30min 修改为 5min，进而让市场提供正确的价格信号来引导发电商投资和做出正确运营决策。

（三）电力市场运营情况

（1）电力批发市场交易情况。

2018—2019 财年，NEM 的成交总金额为 194 亿澳元，成交电量为 190.61TW•h（屋顶光伏发电不参与 NEM），期货合同中签约的电量为 481TW•h，没有场外交易。2009—2019 财年签订的合同电量如图 8-7 所示，从图 8-7 中的可以看出，为了对冲电力批发市场价格波动的风险，发电商和零售商会积极参与期货市场或进行场外交易，签订的合同量是实际交易量的 2～3 倍，金融市场的活跃度很高。

2018—2019 财年，NEM 中的新南威尔士州的总发电量为 65.77TW•h，昆士兰州的总发电量为 59.33TW•h，南澳大利亚州的总发电量为 11.91TW•h，维多利亚州的总发电量为 43.16TW•h，塔斯马尼亚州的总发电量为 10.44TW•h。2018—2019 财年 NEM 中主要发电商的发电量占比如图 8-8 所示，从图 8-8 可以看出，各州前两大发电商的发电量在总发电量中的占比均已超过 50%，前三大发电商的发电量占比超过 80%。因此，NEM 批发市场的市场集中度很高。

（2）零售市场交易情况。

2018—2019 财年零售市场中服务的用户总数为 994.10 万人，2018—2019 财年 NEM 中各州零售市场用户数如图 8-9 所示。2018—2019 财年 NEM 中各州主要零售商的用户数占比情况如图 8-10 所示，从图 8-10 可以看出，各州前两大零售商的市场用户数占比均已超过 50%，零售市场的市场集中度很高。

8.1.4 电力价格

NEM 自 1998 年开始运行，1998—2019 财年 NEM 中各州电价走势如图 8-11 所示。从图 8-11 可以看出，虽然 11 年间电价波动较大，但电价整体呈现出上

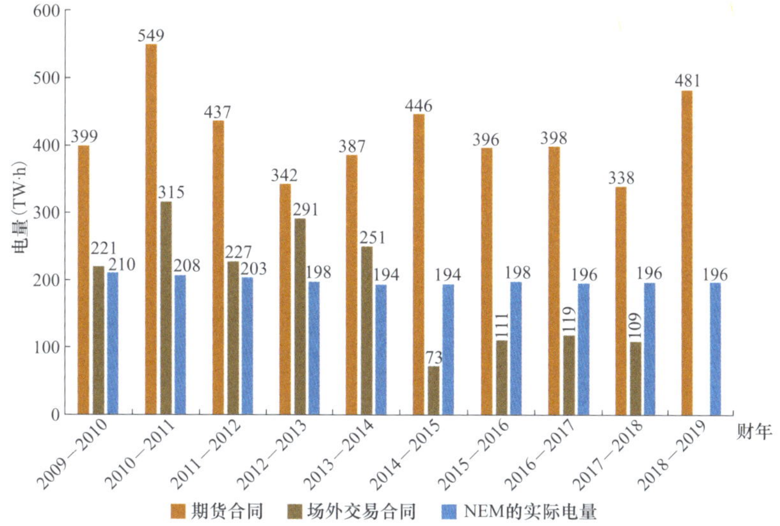

图 8-7 2009—2019 财年签订的合同电量

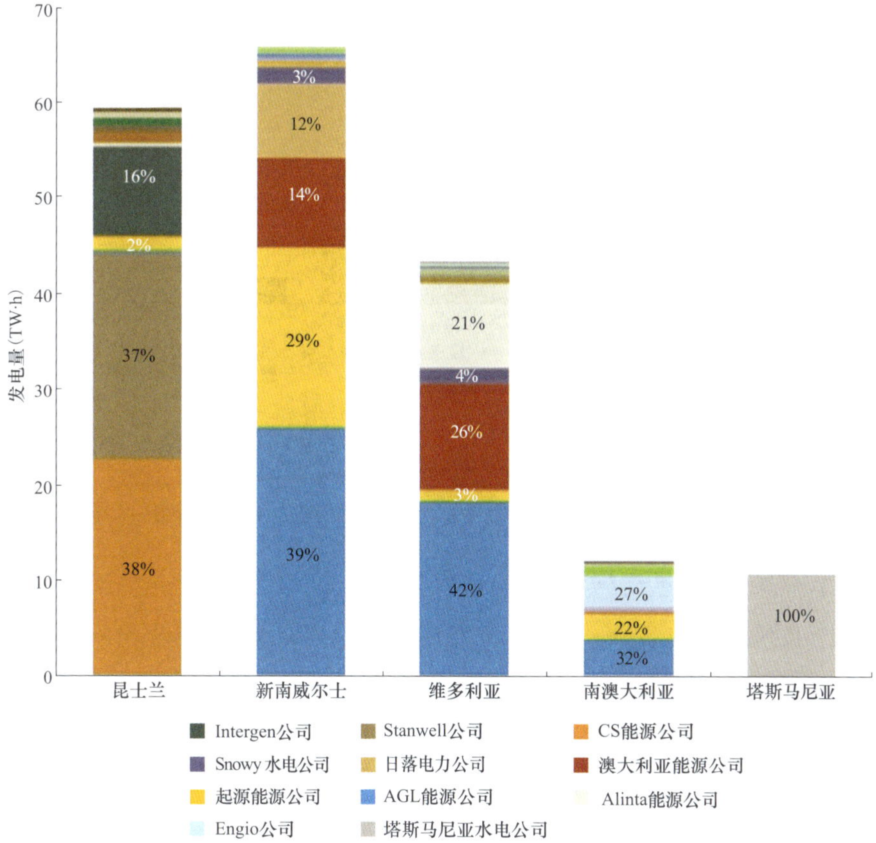

图 8-8 2018—2019 财年 NEM 中主要发电商的发电量占比

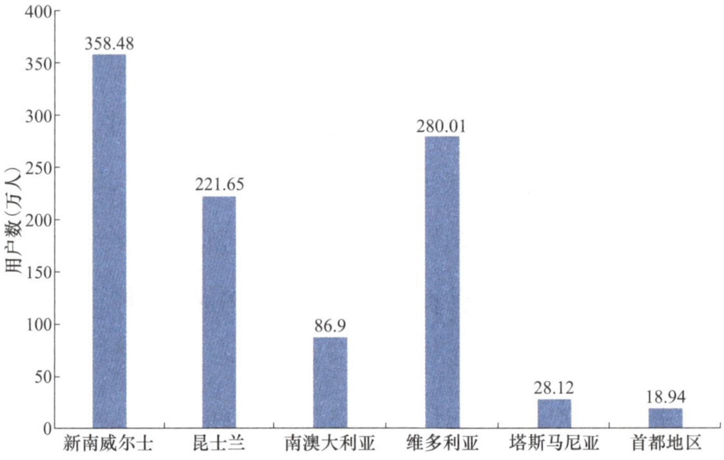

图 8-9 2018—2019 财年 NEM 中各州零售市场用户数

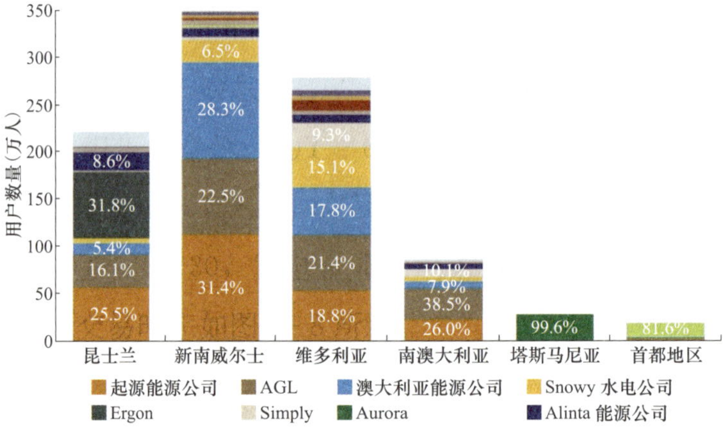

图 8-10 2018—2019 财年 NEM 中各州主要零售商的用户数占比

升趋势。其中，维多利亚州和南澳大利亚的电价在 2018 财年达到历史最高值。从 2019 财年开始，电价又开始呈现下降趋势。

2019 财年 NEM 中各州电价走势如图 8-12 所示，从图 8-12 可以看出周平均电价的波动情况，其中第一季度的周平均电价最高。AEMO 发布的季度能源动态报告指出，NEM 大部分地区第一季度的电价创历史新高，其主要原因包括夏季高温导致需求量增加、水电站减产、天然气和煤炭价格上涨等。然而，全年来看，2019 年批发市场的平均电价低于 2018 年同期水平，在南澳大利亚州和昆士兰州，批发电价创纪录的出现负增长。AER 的 NEM 调查报告指出，可再生能源发电量的显著增加是推动批发电力市场价格下降的主要原因。

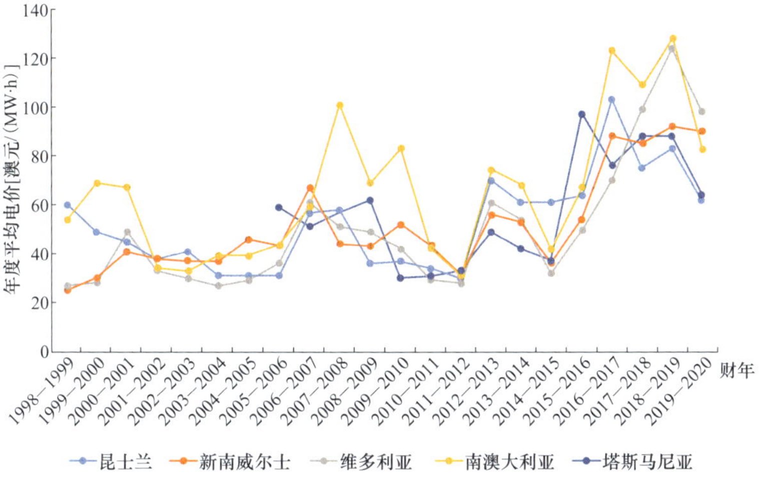

图 8-11　1998—2019 财年 NEM 中各州电价走势❶

另外，在图 8-12 中，可以看见三个周平均电价高点。第一个价格高点出现在 1 月份第三周，且维多利亚和南澳大利亚州在 1 月份的周平均电价超过了 1000 澳元/（MW•h）。该价格出现的原因主要是维多利亚州的 1.1GW 和 1.6GW 的燃煤机组，分别于 2019 年 1 月 24 日和 25 日因故障退出运行，巨大的电力缺口导致电价飙升至市场最高限价［14 500 澳元/（MW•h)］，进而拉升了整个价区的周平均电价。2 月份第四周和 12 月份第三周出现尖峰电价的原因主要是极度高温条件下负荷陡增，同时大机组检修、跨州输送电量不足导致市场中电量供应不足，紧张的供需关系引发了高电价。

2014—2019 财年，新南威尔士州、昆士兰州、南澳大利亚州和维多利亚州四大价区中相邻价区的电价出现了相同的概率，2014—2019 财年 NEM 中四大价区电价趋同率如图 8-13 所示。从图 8-13 可以看出，相邻价区之间电价出现

❶ 数据来源：澳大利亚能源市场运营机构（AEMO）官方网站。

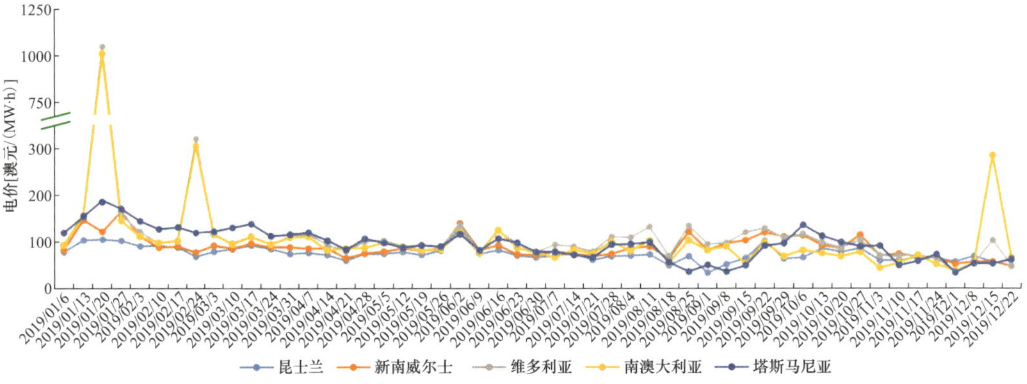

图 8-12　2019 财年 NEM 中各州电价走势❶

注：将每周的电力价格按照电量加权得到每周的平均电价。

相同的概率逐年增加。该现象表明跨价区之间的输电通道出现阻塞的概率逐渐变小。尤其是新南威尔士州，由于和多个价区之间有输电通道互联，所以和相邻价区出现电价相同的概率最高。

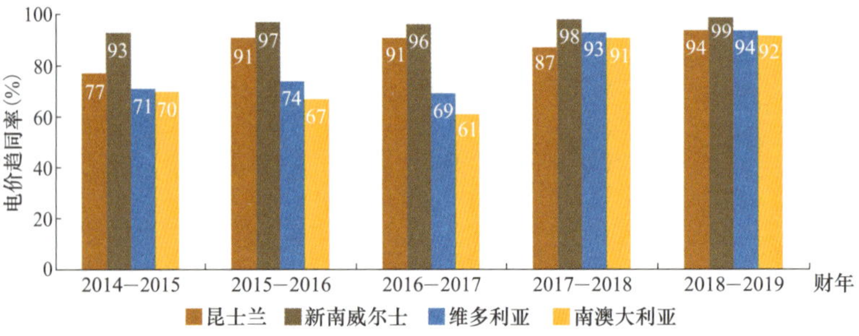

图 8-13　2014—2019 财年 NEM 中四大价区电价趋同率❷

8.2　澳大利亚电力市场化改革相关事件分析——澳大利亚 NEM 电力库与英国电力库的模式比较和分析

1998 年 12 月，澳大利亚国家电力市场正式成立并开始运营，市场模式采

❶ 数据来源：澳大利亚能源市场运营机构（AEMO）官方网站。

❷ 数据来源：澳大利亚能源管理局（AER）。

用发电侧单边竞争的电力库模式，与 20 世纪 90 年代英国的电力库模式有相似之处。本节重点分析比较澳大利亚和英国电力库模式的特点，总结澳大利亚 NEM 电力库模式的经验，供我国电力市场建设借鉴。

8.2.1 澳大利亚与英国电力库的介绍

（一）澳大利亚 NEM 电力库

NEM 电力库由 AEMO 同时负责调度和交易业务，自 1998 年 12 月运行至今。

在市场申报方面，发电商按照边际成本报价，每日中午 12：30 前提交次日实时市场报价信息，在实时市场运行前 5min 可以重新申报（只能修改出力），用户侧不报量不报价，由 AEMO 预测用户侧的电力负荷曲线进行出清。在出清机制方面，以发电成本最小为优化目标确定发电计划，每 5min 出清一个调度价格。在结算机制方面，NEM 的调度和结算时间尺度不统一。实时市场每 5min 出清一次，确定一个调度价格；由 30min 内 6 个调度价格的平均值得到结算价格。2020 年 7 月起，NEM 将按照 5min 的时间尺度，实现调度和结算时间尺度的统一。发电侧按 NEM 出清的结算价格进行结算，用户侧接受 NEM 价格。在价格机制方面，NEM 采用分区电价的价格机制，并以州作为价区划分的物理边界，包括昆士兰州、新南威尔士州（含首都直辖区）、南澳大利亚州、维多利亚州和塔斯马尼亚州五个互联的价区。市场规定最低和最高现货价格分别为- 1000 澳元/（MW•h）和 14 700 澳元/（MW•h）。

（二）英国电力库

英国电力库属于强制性电力库，运营时间范围为 1990 年 4 月－2001 年 3 月，经营区域包括英格兰和威尔士两个地区，运营商为英国国家电网公司(National Grid Company，NGC)。

在市场申报方面，该市场是一个日前单边市场，发电商需要在前一天 10：00 前完成报价，用户侧的电力负荷由系统运营商预测得到。在出清机制方面，

NGC 以最小购电成本为优化目标，调用通用排序和调度程序（Geneal Ordering and Loading Program，GOAL）求解一个无约束经济调度模型，即可得到所有发电商的发电计划和统一出清电价。英国电力库每 30min 出清一次，市场出清结果于前一天 17：00 向市场主体公布，并于次日零点开始执行。在不平衡量处理方面，次日实时运行时，由于机组故障、线路故障以及用户实际用电量和预测负荷之间的偏差等造成系统出现的不平衡量，将由系统运营商通过调用参与辅助服务的机组来调节。在结算机制方面，发电商的结算价格按照电力购买价格（Power Purchase Price，PPP）结算，电力购买价格包括系统边际电价（System Marginal Price，SMP）和容量费用（Capacity Payment）。用户侧按照电力销售价格（Power Selling Price，PSP）结算，电力销售价格包括系统边际电价、容量费用以及上抬费用（Transmission Services Use of System，TSUoS）。

8.2.2 澳大利亚 NEM 电力库与英国电力库的比较

澳大利亚 NEM 电力库与英国电力库的比较见表 8-3。两者的共同点主要体现在：一是均采用了强制性单边电力库模式，用户侧不报量不报价，负荷曲线由系统运营商预测得到；二是两个市场都采用了差价合约、远期合同对冲现货市场中的交易风险。

表 8-3　　澳大利亚 NEM 电力库与英国电力库的比较

项目	类别	澳大利亚	英国
相同点	市场模式	强制性单边电力库	
	运营机制	调度和交易一体化	
	市场集中度	发电侧市场集中度高	
	风险防范	差价合约、远期合同	
不同点	网络约束	出清考虑网络约束	出清不考虑网络约束
	出清间隔	5min	30min

续表

项目	类别	澳大利亚	英国
不同点	价格机制	分区电价	系统边际电价（SMP）
	结算方式	发电侧和用户侧均按照所在价区的参考节点电价进行结算	发电侧电价（PPP）＝系统边际电价（SMP）＋容量费用 用户侧电价（PSP）＝系统边际电价（SMP）＋容量费用＋上抬费用

注 1 容量电价＝LOLP×（VOLL－SMP），其中 LOLP 代表半小时失负荷的概率，VOLL 代表失去负荷的价值。

2 上抬费用包括辅助服务费用、网络损耗费用和输电网使用费、配电网使用费、政府基金附加等。

从表 8－3 可以看出，澳大利亚 NEM 电力库与英国电力库相比，两者的不同之处主要体现在优化出清、价格机制和结算方式三个方面。

在优化出清方面，相比于英国电力库的 30min 调度出清，NEM 电力库采用 5min 作为调度出清，能够更加有效地发挥电力价格对市场主体引导作用，如促使发电商更加积极参与到系统的调峰和调频等辅助服务。另外，相较于英国电力库的无约束出清模型，NEM 电力库在出清模型中考虑线路的传输约束，因此得到的发电计划更加符合实际运行情况，有效减少了线路阻塞对发电机出力的影响，显著提升系统安全运行水平。

在价格机制方面，相较于英国电力库的系统边际电价出清机制，NEM 电力库对经营区内的五个州，按照物理边界作为价区划分标准，采用了区域电价机制，进而可以考虑跨价区输电通道的阻塞对电力市场出清的影响，得到的价格能够反映位置信号，进而引导电源和电网的建设，改善用户的用电行为。

在结算方式方面，英国电力库对发电商结算时包括系统边际电价和容量费用两部分，对用户结算时除了系统边际电价，还考虑了容量费用、辅助费用、输电费用、发电机的补偿费用、政府基金附加等。由于容量费用计算规则中的 LOLP 易受人为因素干扰和操纵，辅助服务费用、发电机补偿费用等定价机制不明确，因此导致市场结算价格计算复杂、波动性大、不确定性高、价格扭曲。最终，市场价格很难发挥对市场主体投资和运行决策的引导作用。澳大利亚 NEM 电力库发电商和用户均按照所在价区的参考节点价格进行结算，结算方式简单、透明，更加容易被监管且减少了用户对电价的质疑。

2001 年 4 月，英国电力库模式转变为新电力交易协议（New Electricity Trding Arrangement，NETA）模式，标志着运营十一年的英国电力库正式谢幕。英国电力库虽然停运，但英国在电力改革中的探索和实践为全球电力工业的改革和发展提供了很好的借鉴和参考。相较于英国，澳大利亚 NEM 电力库自 1998 年 12 月 13 日一直安全稳定运行至今。随着 NEM 规则和监管机制的不断完善，NEM 现在已经是全球运行经验成熟的电力市场之一。

8.2.3 相关启示

澳大利亚 NEM 电力库能够长期稳定运行，主要有如下几点经验：

一是采取了有效的市场力防范措施。首先是鼓励发电集团与售电公司或大用户签订一定比例的差价合同。如果发电集团在 NEM 中行使市场力抬高现货市场价格，所得的额外利润将返还给用户，进而抑制发电集团行使市场力的动机。其次是加强不同价区之间联络线的建设，充裕的跨价区联络线可以保证大量的外来电参与电力市场竞争，可有效削弱发电商行使市场力的能力。

二是实现调度和结算时间间隔的统一。AEMO 计划于 2021 年 7 月开始，将 30min 结算时间间隔调整为 5min 结算间隔，和调度时间间隔实现了统一。随着新能源发电量的快速攀升，NEM 需要更多的调频机组来减少新能源机组对电力系统安全稳定的影响。调度时间和结算时间统一为 5min 后，能够更加有效地发挥电力价格的激励作用，引导发电商参与电力系统的调节。

三是建立了成熟的电力金融市场。为了帮助发电商和售电公司降低在现货市场的交易风险，NEM 建立了自由度高、流动性强的电力金融市场，主要可分为期货交易市场和场外交易（OTC）市场两大类。电力期货产品在悉尼期货交易所（Sydney Futures Exchange，SFE）交易，签订的均为标准化的合同。

大多场外交易合约是发电商和零售商之间共同商议协定的，其他场外交易合约是在电力经纪人的协助下签订。电力金融市场和现货市场通过现货价格联动，仅在结算上帮助市场主体对冲金融风险，不会影响到市场的物理运行。

四是建立了良好的市场监管体系。NEM 构建了公平、透明、高效的市场监控体系，为提高电力市场透明度、维护电力市场公平交易提供了重要保障。首先是不断完善电力市场监管相关的法律条文，AEMC 会根据市场主体提交的监管条例修订提案举行听证会，论证通过后即可形成法律条文。其次是市场信息披露及时充分，电网规划数据、实时运营数据、市场交易信息等均可在 AEMO 官方网站上便捷查询。最后是及时发布市场动态监控和评估报告，通常按季度和年度公开发布完整的评估报告，也会不定期针对重大事件，如电价飙升、发电侧市场力等重大问题，发布评估分析报告。

对我国电力市场的启示：

一是鼓励发电商签订高比例的中长期合同。我国在电力市场建设初期，可通过提高发电商的中长期合同电量比例来降低发电商在现货市场操纵价格的风险，保证市场平稳起步。

二是加快完善辅助服务市场机制。面对新能源消纳压力不断加剧的挑战，可通过完善辅助服务市场机制、完善现货市场价格形成机制等，提高市场主体参与系统调节的积极性，促进新能源有效消纳，保障电力系统在市场环境下安全稳定运行。

三是加强市场监管。建立电力市场动态监测与评估机制，完善市场监管组织体系，创新市场监管措施和手段，监管电力现货市场主体行使市场力、操纵市场、违反市场规则等情况，维护良好的电力现货市场秩序和市场的公正性。

9

中国电力市场化改革最新进展

中国电力市场化改革主要历程

2002 年 国发〔2002〕5 号发布，开始实施以“厂网分开、竞价上网、打破垄断、引入竞争”为主要内容的新一轮电力体制改革。国家电力公司拆分为两大电网公司和五大发电集团，成立四大辅业集团公司，实现了厂网分开和中央层面电力主辅分开。

2003 年 国家电力监管委员会成立，履行全国电力监管职责。

2005 年 国家发展改革委出台《上网电价管理暂行办法》《输配电价管理暂行办法》《销售电价管理暂行办法》等配套实施办法，对电价改革措施进行了细化。

2008 年 国家能源局成立，负责拟订并组织实施能源行业规划、产业政策和标准，发展新能源，促进能源节约等。

2011 年 电网主辅分离改革方案获国务院批复，原四大辅业集团公司及两大电网公司下属的辅业单位重组成中国电力建设集团和中国能源建设集团两大公司，主辅分开全面完成。

2013 年 原国家能源局、国家电力监管委员会会职能整合，重新组建国家能源局。

2015 年 中发〔2015〕9 号及其核心配套文件发布，开启新一轮电力体制改革。

2016 年 《有序放开配电网业务管理办法》《售电公司准入与退出管理办法》等具体实施细则发布，新一轮电力改革加快实施。

2017 年 《关于开展电力现货市场建设试点工作的通知》发布，《区域电网输电价格定价办法（试行）《跨省跨区专项工程输电价格定价办法（试行）》等输配电价政策发布，《加快推进增量配电业务改革试点的通知》《关于制定地方电网和增量配电网配电价格的指导意见》等加快推进增量配电改革政策发布，改革向纵深推进。

2018 年 《关于积极推进电力市场化交易 进一步完善交易机制的通知》印发，加快推进电力市场建设。《增量配电业务配电区域划分实施办法（试行）》《关于规范开展第三批增量配电业务改革试点的通知》等增量配电试点政策发布，加快增量配电改革落地见效。

2019 年 《关于全面放开经营性电力用户发用电计划的通知》《关于深化电力现货市场建设试点工作的意见的通知》等印发，电力市场建设全面提速，第一批 8 家省级电力现货市场试点全部进入模拟试运行。《关于进一步推进增量配电业务改革的通知》印发，进一步规范增量配电网的投资建设与运营。第四批增量配电试点工作启动。

9.1 我国电力体制改革进展

中发〔2015〕9号下发以来，我国电力体制改革取得了重要进展。电力市场建设成效初显，8个现货市场试点平稳推进，中长期交易为主、现货交易为补充的电力市场体系初具雏形；首个监管周期输配电价顺利实施，初步建立了较为完善的输配电价体系；售电侧放开平稳推进，初步形成了多买多卖的市场竞争格局；增量配电改革持续推进，试点范围基本实现地市全覆盖。总体来看，改革取得了明显成效。

9.1.1 电力市场建设最新进展

（一）最新相关政策

2019年1月，国家发展改革委、国家能源局印发《关于积极推进风电、光伏发电无补贴平价上网有关工作的通知》（发改能源〔2019〕19号）。该通知明确开展平价上网项目和低价上网试点项目建设，并规定对风电、光伏发电平价上网项目和低价上网项目，电网企业应确保其所发电量全额上网。

2019年5月，国家发展改革委、国家能源局印发《关于建立健全可再生能源电力消纳保障机制的通知》（发改能源〔2019〕807号）。该通知确定了各省级行政区域的可再生能源电量在电力消费中的占比目标，即可再生能源电力消纳责任权重，规定了各省级能源主管部门牵头承担消纳责任权重落实责任，售电企业和电力用户协同承担消纳责任，电网企业承担经营区消纳责任权重实施的组织责任。

2019年6月，国家发展改革委印发《关于全面放开经营性电力用户发用电计划的通知》（发改运行〔2019〕1105号），提出全面放开经营性电力用户发用电计划、支持中小用户参与市场化交易、健全全面放开经营性发用电计划后的价格形成机制等三项工作要求，并对清洁能源消纳、交易履约监管等事项进行了明确。

2019 年 8 月，国家发展改革委、国家能源局印发《关于深化电力现货市场建设试点工作的意见的通知》（发改办能源规〔2019〕828 号）。该通知要求，进一步深化电力市场化改革，遵循市场规律和电力系统运行规律，建立中长期交易为主、现货交易为补充的电力市场，完善市场化电力电量平衡机制和价格形成机制，促进形成清洁低碳、安全高效的能源体系，并对电力现货市场建设试点的总体思路、建设方案、衔接机制、运营机制、配套机制等方面提出了具体要求。

2019 年 9 月，国家能源局印发《关于加强电力中长期交易监管的意见》（国能发监管〔2019〕70 号），提出要进一步规范制定市场交易规则，规范组织市场交易，规范参与交易行为，做好市场交易服务，促进售电企业公平参与市场交易，加强运营监控和风险防控，规范市场干预行为，加强市场交易事中事后监管，加强信息披露和报送监管，加强市场信用监管，建立政府监管与外部专业化监督密切配合的监管体系。

2019 年 10 月，国家发展改革委印发《关于深化燃煤发电上网电价形成机制改革的指导意见》（发改价格规〔2019〕1658 号），提出为稳步实现全面放开燃煤发电上网电价目标，将现行燃煤发电标杆上网电价机制改为“基准价＋上下浮动”的市场化价格机制。

2019 年 12 月，国家发展改革委印发《关于做好 2020 年电力中长期合同签订工作的通知》（发改运行〔2019〕1982 号）。该通知要求，要通过鼓励市场主体签订较高比例中长期合同、研究建立发电固定成本回收机制等方式，促进形成中长期和现货交易价格良性互动。起步阶段应采取有效措施保证市场主体电力中长期合同电量不低于上一年用电量的 95％或近三年的平均用电量，签约达不到要求的不能成为现货市场交易主体，不足部分按照具体交易规则执行。

2020 年 2 月，国家发展改革委、国家能源局印发《关于推进电力交易机构独立规范运行的实施意见的通知》（发改体改〔2020〕234 号），明确了加快电力交易机构独立规范运行的时间表及任务要求，主要任务包括进一步厘清交易机构、市场管理委员会和调度机构的职能定位；完善电力交易规则制定程序；加快推进交易机构股份制改造；规范交易机构的人员、资产和财务管理；共同做好电力市场交易组织实施；健全信息共享和安全保障机制；加强专业化监管体系建设。

2020 年 3 月，国家发展改革委、国家能源局印发《关于做好电力现货市场试点连续试结算相关工作的通知》（发改办能源规〔2020〕245 号）。该通知要求售电公司及电力用户应与发电企业在中长期合同中约定分时结算规则，同时明确不得设置不平衡资金池，每项结算科目均需独立记录，分类明确疏导。

（二）电力市场运行情况

（1）市场主体注册情况。

多元化市场主体积极参与市场交易，市场意识不断增强，形成了多买多卖的市场格局和浓厚的市场氛围。2018—2019 年国家电网有限公司（简称国家电网公司）经营区域内市场主体注册数量如图 9-1 所示，2019 年，国家电网公司经营区域内各电力交易中心已累计注册市场主体 143 741 家，较 2018 年底新增 65 725 家。其中发电企业 28 646 家，售电公司 3641 家，电力用户 111 417 家。

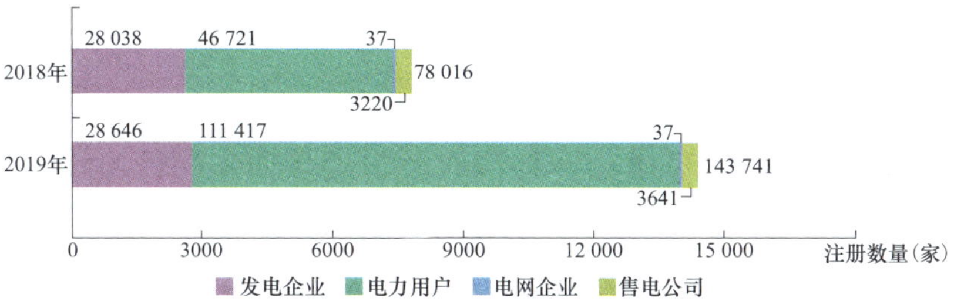

图 9-1　2018—2019 年国家电网公司经营区域内市场主体注册数量

（2）交易机构股份制改造情况。

2019 年初以来，电力交易机构股份制改革将进一步提速。2020 年初以来，天津、江苏、辽宁、湖南、山东、吉林电力交易中心已经启动增资扩股措施。预计 2020 年，电力交易中心股份制改革范围将进一步扩大，并逐步覆盖全国。

（3）国家电网公司经营区域电力市场运营总体情况。

2019 年，国家电网公司经营区域内市场化交易电量大幅增长，达到 20 872 亿 kW·h，同比增长 27.6%，占售电量的 46.9%，售电量占比同比提高 8 个百分点。其中，电力直接交易 16 122 亿 kW·h，降低电力用户用电成本 469 亿元，持续释放改革红利。其中，电力直接交易 12 257 亿 kW·h，降低客户用能成本 373 亿元。

从省间交易情况来看， 2019 年省间交易电量为 10 619 亿 kW·h，同比增长 8.2%。分省（区、市）来看，浙江、江苏、山东、上海、宁夏、北京、四川 7 个省（区、市）参与省间交易电量规模较大，均在 650 亿 kW·h 以上。其中，省间外送电交易量较大的 3 个省（区、市）为宁夏、山西、新疆，外送电量分别为 666.5 亿、518.4 亿、507.2 亿 kW·h；省（区、市）间外购电交易量较大的 3 个省（区、市）为浙江、江苏、山东，外购电量分别为 1678.2 亿、1275.4 亿、940.0 亿 kW·h。

从省内交易情况来看， 各省（区、市）主要以用户直接参与或售电公司代理的直接交易为主。2019 年，省（区、市）内市场化交易电量完成 15 941 亿 kW·h，同比增长 24.2%。其中省（区、市）内电力直接交易电量完成 14 685 亿 kW·h，同比增长 30.7%。

从售电公司参与情况来看， 截至 2019 年底，国家电网公司经营区域内共有 1580 家售电公司参与市场化交易，达成交易电量 11 259 亿 kW·h，完成结算电量 10 757 亿 kW·h，占市场化电量 51.5%。各省（区、市）参与交易的售电公司平均代理电量规模最大的 3 个省（区、市）为江苏、山东、福建，分别平均代理电量 24.8 亿、18.4 亿、11.8 亿 kW·h；参与交易的售电公司平均代理用户数量最多的 3 个省（区、市）为江苏、江西、河南，平均代理用户数量为 306.3、

120.6、108.6 家。

从新能源消纳情况来看，2019 年，风电、太阳能发电累计发电量 6018 亿 kW•h，同比增长 16.5%，占总发电量的 10.9%，占比同比提高 1.3 个百分点。新能源发电利用率 96.8%，同比提高 2.7 个百分点。省间新能源交易电量达到 880 亿 kW•h。

（三）电力现货市场试点进展情况

省间现货市场方面，国家电网公司持续开展跨区域省（区、市）间富余可再生能源电力现货交易，2019 年累计完成交易电量 52.45 亿 kW•h，其中新能源发电 49.36 亿 kW•h，新能源消纳率提高 1.1 个百分点。

省内现货市场方面，2017 年 8 月，国家发展改革委、国家能源局联合下发了《关于开展电力现货市场建设试点工作的通知》（发改办能源〔2017〕1453 号），要求 2018 年底前启动电力现货市场试运行，积极推动与电力现货市场相适应的电力中长期交易。结合各地电力供需形势、网源结构和市场化程度等条件，选择南方（以广东起步）、蒙西、浙江、山西、山东、福建、四川、甘肃等 8 个地区作为第一批试点，加快组织推动电力现货市场建设工作。截至 2019 年 6 月底，8 个省级现货市场试点已全面启动模拟试运行。截至 2019 年 9 月，第一批省级现货市场试点已全部开展结算试运行。2020 年 3 月，国家发展改革委、国家能源局下发了《关于做好电力现货市场试点连续试结算相关工作的通知》（发改办能源规〔2020〕245 号），各试点省正在进一步扩大结算运行的周期和规模。截至 2020 年 5 月，山西、甘肃、山东、福建等省份已完成第三次结算试运行，其中甘肃省于 2020 年 4 月实现了我国首次完整月现货市场结算试运行。

9.1.2 输配电价改革最新进展

（一）最新相关政策

2018 年以来，输配电价监管体系已经形成完整闭环，输配电价改革已从

“建机制”转向“强监管”新阶段，监管政策正递次循环趋紧。2019年，输配电价监管开始第二个周期的成本监审和定价工作。

2019年5月，国家发展改革委和国家能源局对2015年制定的《输配电定价成本监审办法（试行）》进行了修订，发布《输配电定价成本监审办法》（发改价格规〔2019〕897号），明确通过输配电价回收的成本范围及要求，对于输配电价回收的监管要求逐渐收紧，分别规定了不得通过输配电价回收的费用以及允许回收但总量控制的费用类型。

（二）相关进展

一是区域电网输电价格核定已完成。主要要点包括按“准许成本＋合理收益”核准准许收入；统一按两部制电价形式确定输电价格；电量电费反映区域电网提供输电服务的成本，原则上按区域电网输电线路实际平均负荷占其提供安全服务的最大输电容量测算；容量电费反映区域电网为省级电网提供事故备用等安全服务的成本，主要考虑提供事故紧急支援能力和对各省级电网峰荷贡献等因素，在区域内各省级电网之间分摊；适当提高东北、西北电网的电量价格占比，保障区域电网收入。

二是跨区专项工程输电价格完成核定。主要要点包括初始输电价格根据经营期电价法核定；定期开展成本监审，根据成本监审情况，建立定期评估调整机制；专项工程输电价格形式按功能确定，执行单一制电价，以联网功能为主的专项输电工程按单一容量电价核定，以输电功能为主的专项工程按单一电量电价核定。

三是地方电网和增量配电网配电价格制定的指导意见出台。主要要点包括增加电价机制选择权，给出了四种方法可以选择，由地方价格主管部门决策；增强了配电网之间的比较竞争。招标定价法、准许收入法、最高限价法、标尺竞争法等方法不同程度引入市场竞争；明确价格上限，配电价格不能高于省级电网相应电压等级价格差；要求配电网与其他业务分离，单独核算。

9.1.3 增量配电改革最新进展

（一）最新相关政策

2018年6月，国家发展改革委、商务部发布《外商投资准入特别管理措施（负面清单）（2018年版）》，明确“取消电网的建设、经营须由中方控股的限制”。这意味着对社会资本开放的电网业务，对外资同样开放。

2019年1月，国家发展改革委、国家能源局联合发布了《关于进一步推进增量配电业务改革的通知》（发改经体〔2019〕27号），进一步规范项目业主确定、明确增量和存量范围、做好增量配网规划工作，规范增量配电网的投资建设与运营。

2019年3月，国家发展改革委印发《增量配电业务改革试点项目进展情况通报（第二期）》（发改办体改〔2019〕375号），就前三批试点项目进展情况进行通报，要求第一批试点项目原则上应于2019年6月底前建成投运，第二、三批试点项目应于2019年5月底前确定业主、划定供电区域，7月底前开工建设。经评估认定不再具备试点条件的项目，国家发展改革委、国家能源局将取消其试点资格。

2019年6月，国家发展改革委、国家能源局发布《关于规范开展第四批增量配电业务改革试点的通知》（发改运行〔2019〕1097号），批复第四批84个增量配电试点项目，项目总数达到404个。

2019年9月，国家发展改革委、国家能源局发布《关于取消部分地区增量配电业务改革试点的通知》（发改办体改〔2019〕948号），由于前期负荷预测脱离实际、未与地方电网规划有效衔接、受电主体项目没有落地等原因，取消24个增量配电项目试点资格。

（二）改革试点实施情况

截至2020年2月，全国共批复增量配电试点项目404个，其中第一批106个，第二批89个，第三批125个，第四批84个。国家电网公司经营区321个试点项目中，已确定业主169个，组建公司129个，取得电力业务许可证84个，已正式发文取消24个（第一批12个，第二批1个，第三批11个）。

案　　例

湖南湘潭经开区增量配电业务改革试点位于湘潭经济技术开发区内，是2016年11月由国家发展改革委、国家能源局批复的第一批试点项目，试点区域面积41.7km²。该项目在2017年8月—2018年9月，依法依规快速完成电网规划、业主确定、区域划分、公司组建、项目建设等全环节，于2018年9月正式运营至今。项目公司湘潭德盛能源配售电有限公司注册资本2亿元，5家股东按认缴出资额持股，持股比例为国网湖南电力46%、大唐华银28%、九华经建投18%、联诚能源（民营企业）4%、湖南新奥（民营企业）4%。2018年9月底，首个投资建设项目10kV红江线建成送电，从立项到投运历时仅60天。2019年1月，湘潭德盛能源售电有限公司取得市场化售电准入资格，3月在湖南省电力交易中心注册成功，开展电力交易售电业务。10月底投运湖南省首个“产供销一体化”400kW屋顶光伏项目，开拓综合能源业务。

江苏镇江扬中高新区增量配电改革试点为国家发展改革委、国家能源局确定的第一批增量配电改革试点项目，拥有高新区内待开发的2.8km²区域的配电业务运营权。国网江苏省电力有限公司联合大航控股集团有限公司、协鑫智慧能源（苏州）有限公司以联合体形式中标试点项目（持股比例分别为51%、39%和10%）。目前，公司已获得电力业务许可证，负责区域内增量配电网的投资、建设及运营业务，履行保底供电义务，为区域内用户提供装表、计量、抄表、设备维护等服务，并已开展市场化售电业务。

9.1.4　售电侧改革最新进展

（一）最新相关政策

中央发布支持民营企业改革发展意见，支持民营企业开展售电业务。2019

年12月22日，中共中央、国务院发布《关于营造更好环境支持民营企业改革发展的意见》，提出在电力、电信、铁路、石油、天然气等重点行业和领域，放开竞争性业务，进一步引入市场竞争机制。**支持民营企业以参股形式开展基础电信运营业务，以控股或参股形式开展发电配电售电业务。**

国家能源局发布支持分布式风电参与分布式发电市场化交易试点的政策。2020年3月，国家能源局发布《关于2020年风电、光伏发电项目建设有关事项的通知》，其中《风电建设方案》明确继续积极支持分布式风电建设，鼓励各省（区、市）创新发展方式，积极推动分布式风电通过市场化交易试点方式进行项目建设。同时明确，不参与分布式市场化交易试点的分布式风电仍需财政补贴，要与陆上集中式风电一并纳入规划总量控制，不得随意扩大建设规模。

部分省（区、市）发布或调整售电公司缴纳保函规定，保函额度与售电规模紧密相关。2020年，安徽规定售电公司需提交履约保函，与年售电规模挂钩，保函额度为100万～1000万元；浙江拟按售电企业资产总额缴纳保函，保函额度为200万～2000万元；冀北规定保函额度与待执行电量挂钩，保函额度为200万～2000万元；新疆调整保函额度，售电规模6亿kW•h以上保函额度暂按原标准50%执行。

江苏发布分布式发电市场化交易试行规则。江苏能源监管办会同江苏省发展改革委于2019年12月9日正式印发《江苏分布式发电市场化交易规则（试行）》，明确分布式发电可就近与用户开展直接交易（原则上限制在接入点上一级变压器供电范围内），改变了以往分布式发电“全额上网”或“优先自用、余电上网”的经营模式。

（二）售电侧改革发展情况

（1）售电公司组建情况。

售电公司持续增长。根据不完全统计，截至2019年底，在交易机构完成注册的售电公司约有4376家，其中国家电网公司经营区域内3641家。从准入情况来看，2019年国家电网公司经营区域内售电公司增长率13.1%，比2018年增长率下降31.5%。

(2)售电公司业务开展情况。

从售电公司参与市场交易频次来看，2017—2019年国家电网公司经营区域内售电公司参与市场交易频次分别为4987、19 482、29 602户·次，积极性进一步提高。

从售电公司代理电量规模来看，2019年国家电网公司经营区域内售电公司代理电量比重较高，仅有8个省（区、市）不足本省（区、市）总体直接交易电量的50%，其余均在50%以上，其中湖南、陕西、山东、河南和江西5省超过85%。江苏、山东售电公司代理电量突破1000亿kW·h，河南、山西、四川和安徽4省售电公司代理电量在500亿～1000亿kW·h。

从售电公司经营业务范围来看，仍以购售电业务为主，仅少部分开展了用电工程、能效服务（合同能源管理、综合节能、合理用能咨询）等增值服务。小部分电力工程、节能改造、综合能源服务等领域企业，凭借传统关联业务积累的客户黏性、业务关联性、增值服务能力等优势，经营情况良好。

拥有发电背景的售电公司是最具竞争力的市场主体。拥有发电背景的售电公司拥有稳定的低价电源优势，对用户吸引力较大。拥有发电背景的售电公司代理的用户具有用电量大、用电负荷平稳、偏差考核压力小的特点，部分省（区、市）拥有发电背景的售电公司户均代理电量是其他类型售电公司的2倍。

9.2 电力市场运行关键问题分析

9.2.1 省级电力现货市场试点进展情况分析

南方（以广东起步）：2018年8月启动模拟试运行。为推进南方（以广东起步）电力现货市场稳妥有序开展，引导市场主体积极参与现货试运行，为下一阶段进入正式长期结算运行做好准备，广东电力现货市场于2019年5月15日、16日两天开展按日结算试运行，6月20—23日进行第二次按日结算试运行，10 月开展按周结算试运行。广东电力现货市场采用“中长期差价合约＋现货全电量竞价”市场模式，用户侧初期“报量不报价”，参与现货市场结算。从结算试运行结果来看，现货市场价格总体符合广东电网供大于求的供需形势，与全天用电负荷变化特性基本一致，反映了当日各时段电力供求关系的变化。

山西：2018 年 12 月 27 日启动模拟试运行，已经开展模拟推演、调电试运行、结算试运行三个阶段工作。2019 年完成按日结算试运行（9 月 1 日）、首次连续 7 天结算试运行（9 月 18—24 日）、第二次连续 7 天结算试运行（12 月 7—13 日），2020 年 5 月 10—24 日完成连续两周结算试运行。山西电力现货市场采用“中长期差价合约＋全电量现货”模式。发电侧以“报量报价”方式，市场化用户、新能源机组按照“报量不报价”方式参与现货市场。现货市场采用节点电价定价机制。

甘肃：2018 年 12 月 28 日启动模拟试运行，2019 年 9 月 20—26 日首次进行结算试运行，11 月 16—22 日进行了第二次连续 7 天结算试运行，2020 年 3 月 19 日—4 月 30 日开展了第三次长周期连续结算试运行。甘肃电力现货市场采用“中长期差价合约＋全电量现货”模式。新能源发电机组报量报价参与现货市场，用户侧暂不参与现货市场。现货市场采用分区电价定价机制。

浙江：2019 年 5 月 30 日启动模拟试运行，9 月 20—26 日开展第一次连续 7 天结算试运行，2020 年 5 月 12—18 日进行第二次结算试运行。浙江电力现货市场采用“中长期差价合约＋全电量现货”市场模式。现货市场采用节点电价定价机制。

福建：2019 年 6 月 21 日启动模拟试运行，2019 年 9 月 21—27 日开展首次连续 7 天结算试运行，2020 年 4 月 8—21 日开展连续 14 天结算试运行。福建电力现货市场采用“部分电量现货”模式。日前现货市场采取发电侧单边竞价的模式组织开展电能量交易，将燃煤机组部分比例的基数电量纳入日前市场竞价。用户侧主体暂不参与现货市场。日前现货市场采用系统统一边际出清电价的定价机制。实时市场本质为平衡机制，采用边际价格结算，分为上调和下调边际价格。

山东：2019 年 7 月启动模拟试运行，9 月完成两次单日调电不结算试运行和第一次按周结算试运行，12 月 9—15 日完成了第二次按周结算试运行，2020 年 5 月 16—19 日进行了第三次结算试运行。山东电力现货市场采用“中长期差价合约＋全电量现货”模式。发电侧以“报量报价”方式，市场化用户按照“报量不报价”方式参与现货市场，新能源暂不参与现货市场。现货市场采用节点电价定价机制。

四川：2019 年 6 月 20 日启动模拟试运行，2019 年 9 月 26—30 日开展连续结算试运行，10 月 29—30 日连续两天进行了第二次模拟结算试运行。四川电力现货市场采用“中长期差价合约＋全电量现货”模式。弃水期市场水电参与、火电不参与；非弃水期市场火电参与、水电不参与。用户侧主体以“报量不报价”方式参与现货市场。现货市场采用系统边际电价定价机制。

蒙西：2019 年 6 月 26 日启动模拟试运行，9 月 21—27 日进行为期一周的结算试运行。蒙西电力现货市场采用“部分电量现货”模式。

总体来看，试点省现货市场运行情况总体良好，交易组织流程流畅，技术支持系统运行正常，出清结果基本符合预期，验证了现货市场规则和技术支持系统的有效性，标志着我国电力现货市场建设取得了实质性进展。与此同时，现货市场试点在试运行过程中不同程度地暴露了一些规则设计方面的问题。

一是中长期交易与现货市场的衔接有待完善。各省开展的中长期交易是以现货市场建立前的大用户直接交易为基础形成的交易机制。现货市场运行后，中长期交易需要与现货市场相适应，由市场主体签订带交易曲线的中长期合同，发挥稳定市场供需与价格、规避市场风险的作用。

二是市场力监测与防范机制尚不健全。大部分试点省份尚未建立完善的市场力监测与防范机制，仅通过市场限价方式防范风险。若市场限价过低，可能会影响现货市场发现价格信号、引导资源合理配置的作用；若限价过高，在供需形势紧张、行使市场力等个别时段现货市场价格可能会飙升，超出电力用户承受范围。因此，需要积极探索建立合理有效的市场力防范机制，规避价格波动风险，确保市场平稳有序开展。

三是需要探索建立合理的容量补偿机制。部分机组承担着电网安全运行责任或为电网运行提供快速灵活调节能力，但由于边际成本相对较高，难以在单一电能量现货市场中回收固定成本。为此，在下一步电力市场建设中，需要重点考虑过渡时期机组容量成本回收机制，通过差价合约等方式，保障机组合理收益，实现可持续发展。

9.2.2 现货市场价格问题分析

现货价格是反映电力市场运行状态、评价市场竞争效率和市场成熟程度的核心指标，也是市场成员进行经营决策的基本依据。在发电侧，发电企业制定报价策略、签订中长期合约或安排发电计划都需要对现货价格作出预测；同理，在用户侧制定购电策略、安排用电计划也要参考现货价格。因此，合理的现货价格是电力市场建设的重点目标，也是电力市场运行需要关注的重点内容。

（一）理论分析

根据经济学基本原理，商品总是由价格低的地区向价格高的地区流通。在电力市场中，电力用户也会依据不同市场价格的高低选择在现货市场或中长期市场购入电力。具体来看，当中长期市场价格（P_f）高于现货市场价格（P_s）时，用户次年会选择少签订中长期合约，加大在现货市场购电，此时，现货市场中供小于求，P_s上升；反之，用户会签订大量中长期合约，减少在现货市场购电，此时，现货市场中供大于求，P_s下降。因此，短期来看，在不同的电力市场运行环境下，中长期合约可能出现负溢价或正溢价。但是，长期来看，中长期合约的价格应该是合约期内现货市场价格的期望值。

（二）现货结算试运行价格分析

2019 年 9 月第一次结算试运行期间，国家电网公司经营区域内 6 个试点省份现货市场价格普遍低于中长期市场价格。经分析，造成现货市场价格偏低的原因可能有以下三个方面。

一是供大于求的供需关系导致价格水平整体偏低。此次试运行期间，电力供需普遍宽松，甚至在部分地区出现严重供过于求的现象，导致价格水平整体偏低。

二是部分发电企业采取低价申报策略。试运行期间，中长期交易仍然沿用非现货市场环境下签订的合约。部分发电企业为保证能在现货市场中兑现中长期电量，并争取更多发电量，采用低价申报策略，导致现货市场中发电侧竞争激烈，现货市场出清价格水平普遍偏低。

三是标杆电价与现货市场价格成分有所差异。现行中长期交易价格是在标杆电价基础上的让利，其综合考虑了发电企业容量成本、辅助服务成本等多种成分。而现货市场价格是基于机组边际成本形成的，未包含容量成本、辅助服务成本等成分，在一定程度上出现“价格倒挂”现象。

综合以上分析，随着市场主体的不断成熟、中长期交易机制的不断完善，现货市场价格水平将逐步归于理性状态，但在未单独将容量成本、辅助服务成本从中长期价格中剥离的前提下，在未来一段时间内很可能将保持现货价格水平低于中长期价格的趋势。

（三）对下一步完善现货市场机制的建议

电力现货市场的作用之一是形成反映电能商品时间和空间属性的价格信号，通过灵活的市场价格信号，引导电力生产和消费，激发市场主体活力，提升电力系统调节能力，促进能源清洁低碳发展。为了使现货市场能够形成有效的价格信号、发挥资源优化配置作用，应合理设计现货市场机制、完善电力市场体系建设。

一是合理设置现货市场价格限制。市场限价应综合考虑燃料价格、地区经济发展水平、历史电价水平、发电新增装机容量预测、负荷增长预测、社会稳定性保障、其他政治经济因素等，经科学测算后合理确定。

二是建立市场力防范机制。为了保证现货市场传递正确的价格信号，应加强市场力监测，通过市场力行为测试、影响测试等规范市场成员行为，防止市场操纵而恶意哄抬市场价格，影响市场竞争秩序。

三是做好计划与市场、现货市场与中长期交易的衔接。逐步放开发用电计划，扩大市场化交易规模，通过市场竞争形成价格信号。做好优先发用电、中长期交易与现货市场的衔接，充分发挥中长期交易“压舱石”的作用，通过现货市场进行灵活调整，从而反映电能量的分时价值。

四是建立健全辅助服务市场机制。建立调频、备用辅助服务市场，充分体现调节资源在电力系统中的价值，并通过市场化机制对参与调节的市场主体予以补偿。

9.2.3 市场不平衡资金问题分析

不平衡资金一般指市场中未能明确找到承担主体、需要向部分或全部市场主体进行分摊的成本或费用。按照产生的原因，主要可以分为阻塞盈余、辅助服务成本、成本补偿、双轨制不平衡资金等类别。

（一）国外不平衡资金组成与分摊机制

（1）阻塞盈余。

对于采用分区电价或节点电价机制的市场，由于市场运营机构从售电公司或用户收取的总电能费用可能高于向发电企业支付的电能费用，因此会产生阻塞盈余。国外电力市场阻塞盈余的处理方式主要包括金融输电权拍卖、返还给电网企业等。

美国电力市场普遍建立了金融输电权（Financial Transmission Rights，FTR）机制，组织金融输电权拍卖，将阻塞盈余分配给金融输电权持有者，以对冲电网阻塞带来的风险。澳大利亚电力市场虽采用分区电价模型，但也建立了类似金融输电权交易的跨洲结余拍卖机制。

欧洲电力市场根据欧盟法规要求将输电阻塞分配给电网企业，主要用于保证跨境输电通道的可用性、跨境输电通道扩容等。若这部分盈余用于上述两种用途之后仍由结余，则可以作为电网企业输电收入的一部分，降低向用户收取的输电费。

（2）辅助服务成本。

辅助服务成本指阵对调频、备用、无功、黑启动等辅助服务提供方的补偿费用。按照“谁受益，谁承担”的原则，多数国家由用户侧承担辅助服务费用。

美国 PJM 电力市场将调频、备用辅助服务按照在实时市场的负荷比例分配给负荷服务商（Load Serving Entity，LSE）。辅助服务成本由 LSE 传导至用户。无功、黑启动等费用纳入市场上抬费用（Uplift Payment）。

欧洲电力市场中，由于平衡责任体（Balancing Responsible Party，BRP）未能按提交的发用电计划执行所造成的偏差部分，按照偏差价格结算；其余成本纳入电网公司的电网运行成本，通过输电费的形式进行分摊。

澳大利亚电力市场的辅助服务成本由发电侧与用户侧共同承担。三种向上恢复调频成本由发电方按发电量比例分摊，三种向下恢复调频成本由用电方按用电量比例分摊。自动发电控制（Automated Generation Control，AGC）辅助服务成本按照市场主体在频率出现波动时的“责任因子”分配。

（3）成本补偿。

主要包括必开机组或市场外调度机组的启停成本、空载成本等电能量市场边际价格以外的额外成本。

美国电力市场中以上抬费用（Uplift Payment）或补全收入（Make-Whole Payment）的形式进行疏导。上抬费用一般指在电能量市场和辅助服务市场的边际出清价格不能完全反映资源的边际成本时（例如市场外调度机组等），用于补偿市场出清价格获得的收入与其投标价格之间存在的差异的费用。上抬费用一般向市场参与者进行分摊，属于用户侧电价的正常组成部分。

欧洲电力市场中未单独设置这部分不平衡资金，启停、空载等成本在报价中一并考虑，不再另外补偿。发电机组为保证启停、空载成本的回收，一般会采用关联能量块报价（Linked Block Orders）的方式在日前市场中进行申报。

（4）双轨制不平衡资金。

国外电力市场中可能存在一部分零售用户按管制价格购电。这部分用户通常包括售电侧暂未放开的用户以及已放开但暂未行使选择权的用户。一般由原供电企业或保底供电商负责对这类用户进行供电。

从购电机制来看，此类供电企业大多按市场价格从市场购电。从售电机制来看，主要有三种模式：一是按政府制定的管制电价售电；二是政府根据市场电价、保底供电商成本核定一个相对稳定的保底供电价格，以年度（或半年）为单位滚动调整；三是保底供电商根据成本自主确定保底供电价格，政府制定价格上限。

供电企业可能会因临时购电导致成本上升，若按照政府核定价格售电，存在售电价格不能完全覆盖成本的情形，因此需建立相应补偿机制。从国际经验看，部分国家规定当保底供电商售电价格不能完全弥补购电成本时，有权向政府提出补偿申请。如英国要求保底供电商测算补偿数额并提供相关依据，若申请通过，这部分补偿将通过提升配电价格，由该区域内所有用户分担。

（二）我国不平衡资金组成与分摊机制

从现货试点省份的连续结算试运行情况来看，不平衡资金的构成主要包括系统运行费用、非市场用户保底供电产生的不平衡费用等。其中，系统运行费用主要包括成本补偿、辅助服务费用等。建议各地在市场建设方案中规范不平衡资金分类，各项结算科目独立记录，分类明确疏导，不设置不平衡资金池。

运行成本补偿方面，主要包括对必开机组调度运行所产生的成本补偿以及火电机组启停、空载费用补偿两大类。我国部分现货试点省份尚未建立针对机组启停、空载费用的成本补偿机制。建议参考美国PJM市场的处理机制，在出清模型中引入机组启停和空载费用，并由电力用户按照日前和实时市场中的负荷比例进行分摊。

辅助服务费用方面，主要是对提供调频、调峰辅助服务机组的费用补偿。国内已普遍建立了火电机组参与的调峰辅助服务分摊机制。建议按照“谁受益、谁承担”的原则，建立用户与发电侧共同承担辅助服务成本的机制，促进市场主体公平竞争。

双轨制不平衡资金方面，由于在当前计划与市场并行方式下，优先发电与优先购电放开比例不对等，市场化发电量对应优先购电量的部分仍然按目录电价结算，因此将会产生一定的双轨制不平衡费用。建议将这部分不平衡资金纳入电价调整机制。

10

专题研究

10.1 跨国跨区电力市场模式分析

随着新能源比例的不断攀升，跨地区大范围电力交易已经成为国外电力市场的发展趋势。美国各大市场范围不断扩大，欧洲统一电力市场建设取得了阶段性进展，日本也采用了多种措施促进跨区电力交易。本节首先总结跨国跨区电力市场总体模式，在此基础上详细研究对比美国、欧洲、日本三个典型跨地区电力市场，分析其各自的模式特点及建设背景，提出对我国电力市场建设的相关建议。

10.1.1 跨国跨区电力市场模式总体概况

根据交易方式不同，现阶段跨国跨区电能交易主要包括双边交易和集中交易两种机制。双边交易主要指参与交易的两国市场主体通过双方洽谈协商开展电力交易的机制，以中长期交易为主。集中交易是发电企业、电力用户和售电公司等通过交易机构统一集中开展交易，一般以短期交易为主。双边交易与集中交易对比见表 10 - 1。

表 10 - 1　　双边交易与集中交易对比

对比项目	双边交易	集中交易
参与主体	电网公司代理、发电企业、电力用户、售电公司等	发电企业、电力用户、售电公司等
交易周期	以中长期交易为主，如多年、年度、半年、季度、月度等	以短期交易为主，如日前、日内、实时
结算机制	自行结算或通过交易机构结算	交易机构统一结算
市场化程度	较高	高
难易程度	较易	较难

（一）双边交易

双边交易中两国市场主体通过双边协商的方式达成跨国购售电协议。从参与主体来看，双边交易可以分为以下两种交易类型。

一是在两国电力市场开放程度较低的情况下，一般由两国电网公司或垂直一体化的电力公司代理市场主体开展购售电协商，即代理协商。世界上多数跨国电力交易采用这种机制，例如南亚各国之间的电力交易、我国与邻国的电力交易等。这种交易机制具有易于协调，能够为供需双方锁定相对固定的跨国交易电量，确保输电通道的利用率水平等优点，有利于通过稳定的投资收益，推动跨国交易平稳起步。缺点是不能充分反映各类市场主体交易意愿，各类市场主体不能灵活匹配供给需求，市场化程度相对较低。代理模式下的双边交易示意如图 10-1 所示。

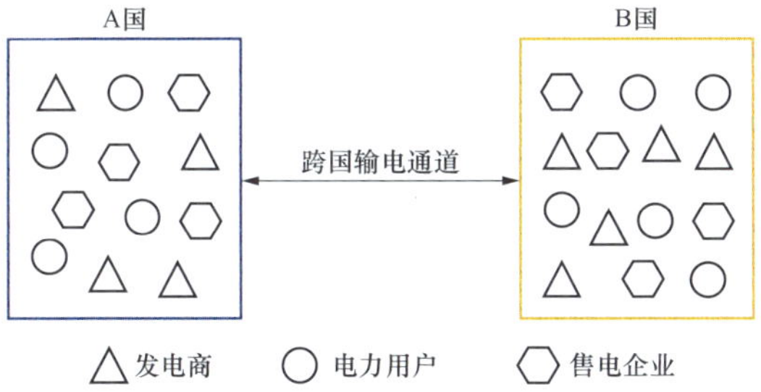

图 10-1　代理模式下的双边交易示意图

二是由两国发电企业、电力用户、售电公司等市场主体进行直接对接协商，开展电力交易。协议达成后，市场主体应将协议在规定的时间内提交至所在国家或地区的电力调度、交易机构。美国与墨西哥、加拿大之间的跨国电力交易主要通过这种双边交易形式开展。该方式的特点是没有稳定的跨国交易电量，通道利用率取决于双边交易的成交情况，且没有统一的交易组织平台。与代理协商交易机制相比，其优势在于能够充分反映市场主体的交易意愿；与集中交易相比，市场协调成本和技术支持系统的搭建成本较低。主要缺陷是市场流动性差，资源配置效率较低，跨国输电通道不能被充分利用等。市场化双边交易示意如图 10-2 所示。

双边交易的具体机制如下：

(1) 参与主体。参与跨国双边交易的市场主体主要包括各国的电网企业、

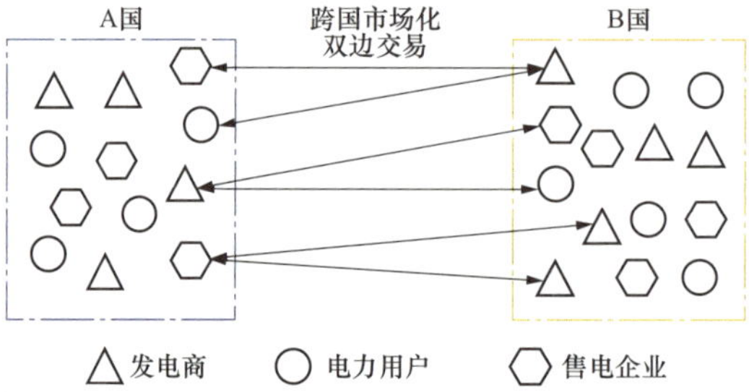

图 10-2 市场化双边交易示意图

垂直一体化电力公司，或发电企业、电力用户、跨国售电企业等。

（2）交易周期。多数双边交易以中长期交易为主，例如多年、年度、半年、季度、月度等，根据市场主体的需求选择合适的交易周期。随着市场成熟度和跨国交易协同度的提升，部分市场主体也可开展周交易或更短期的双边交易。

（3）结算机制。可以由市场主体之间自行结算，也可以通过向电力交易机构申报双边交易合同，由电力交易机构分别与两端市场主体进行结算。

（二）集中交易

集中交易指不同国家的市场主体在交易平台上开展竞价与出清，从而达成跨国电力交易协议的机制。常见的集中交易有联合市场模式和统一市场模式两种。

一是联合市场模式，即两国市场主体分别在各自的电力交易平台进行注册和竞价，通过两国电力市场的联合出清达成跨国交易电量。欧洲主要采用联合市场模式开展跨国电力交易，目前市场已基本实现大范围联合出清。联合出清时不考虑各国（价区）内部输电阻塞，仅考虑跨国（价区）之间的输电线路容量限制。此外，欧洲正在积极建设日内统一市场，通过搭建统一的信息系统实现订单共享。集中交易联合市场模式示意如图 10-3 所示。

二是统一市场模式，即将多个电力市场融合为一，形成统一的电力市场，集中开展多种周期的电力交易。例如，美国各州独立性较强，但形成了多个区

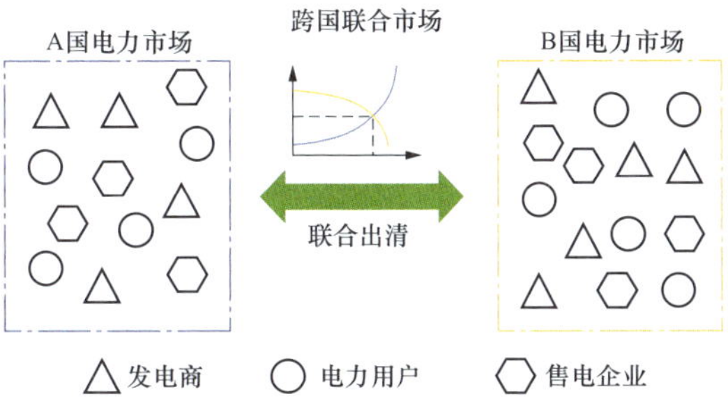

图 10 - 3　集中交易联合市场模式示意图

域统一电力市场，在同一个市场平台开展日前市场、实时平衡市场交易，充分发挥集中优化调度和各类资源互补互济的协同优势。集中交易统一市场模式示意如图 10 - 4 所示。

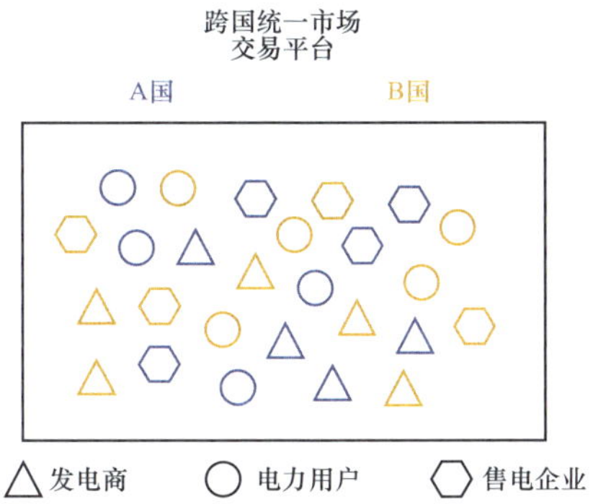

图 10 - 4　集中交易统一市场模式示意图

集中交易的主要优势在于能够整合多国的发电与用户资源，扩大市场交易范围，提高市场流动性和资源配置效率。缺点是要求市场主体具有较为丰富的交易经验，且市场协调及技术支持系统搭建难度较大。集中交易的具体机制如下：

(1) 参与主体。参与集中交易的市场主体主要包括各国的发电企业、电力用户、跨国售电企业等。电网企业和跨国电力交易机构作为输电服务提供者和交易服务提供者，承担市场运营方的角色。

(2) 交易周期。一般来说，集中交易多为电力现货交易。现货交易通常包括日前市场、日内市场和实时平衡市场。

以欧洲市场为例，日前市场于每天12：00出清，全年365天不间断交易，通常以小时为单位。日内市场于实时运行前一天15：00开始交易，一直持续至实时运行前30min（北欧为1h）。实时平衡市场的组织机构在不同国家和地区有所不同。美国的实时平衡市场由调度交易机构开展，关门时间一般为实时运行前5min；欧洲的实时平衡市场通常由各输电系统运营商自行组织，关门时间一般在实时运行前15min左右。北欧日前市场交易时间如图10-5所示。

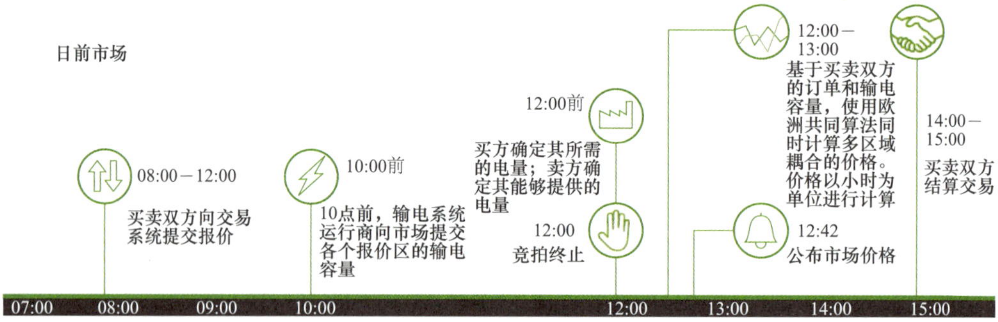
日前市场
08:00－12:00
买卖双方向交易系统提交报价
10:00前
10点前，输电系统运行商向市场提交各个报价区的输电容量
12:00前
买方确定其所需的电量；卖方确定其能够提供的电量
12:00
竞拍终止
12:00－13:00
基于买卖双方的订单和输电容量，使用欧洲共同算法同时计算多区域耦合的价格。价格以小时为单位进行计算
12:42
公布市场价格
14:00－15:00
买卖双方结算交易
07:00
08:00
09:00
10:00
12:00
13:00
14:00
15:00

图10-5　北欧日前市场交易时间

（3）结算方式。集中交易中，通常由电力交易机构统一制定交易结算规则，并负责区域内的结算工作。在这种方式下，交易双方可以不用面对面结算，由电力交易机构分别与双方结算。欧洲电力交易所专门成立了清算子公司，负责所有相关电力交易的清算与结算。北欧电力市场的结算由北欧电力交易所通过其清算和结算系统与各市场主体开展。

10.1.2　美国区域统一市场机制

近年来，在资源大范围优化配置需求驱动下，美国建立了新英格兰电力市场（ISO-NE）、纽约电力市场（NYISO）、PJM电力市场、西南部电力市场（SPP）、得州电力市场（ERCOT）、加州电力市场（CAISO）和中西部电力市场（MISO）等七个有组织的区域电力市场。每个区域电力市场的日前、实时平衡市场由所属市场运营机构考虑电网安全约束集中组织、统一优化，采用节点边际电价机制。各区域市场之间主要开展中长期双边交易。

下面以美国 PJM 电力市场为例进行具体说明：PJM 属于集中式市场模式，包括电能市场、辅助服务市场、金融输电权市场和容量市场。现货市场由日前电能市场和实时电能市场组成。美国 PJM 电力市场具有如下特点：

一是考虑物理约束集中组织、统一优化。在日前市场和实时市场中，PJM 均应用基于安全约束的市场出清工具，在满足发用电平衡、电网安全、机组运行和辅助服务需求等多种约束条件下，以生产成本最低为目标，出清各市场成员的中标电量电价。实时市场的出清结果用于发用电调度。

二是调度交易一体化，电网独立。PJM 电力市场采用调度交易一体化、电网独立的管理模式。

三是节点边际电价定价。PJM 电力市场采用节点边际电价（LMP）的电能定价机制。在日前和实时电能市场中，每个母线节点的价格由发电报价、购电报价和输电网络共同决定。

四是采用双结算机制。在事后结算中，日前中标电量按照日前中标电价结算，实时中标电量与日前中标电量的差额按照实时中标电价结算。结算公式如下：

市场成员现货市场收益＝∑（日前中标电量×日前 LMP）＋

∑（实时电量-日前中标电量）×实时 LMP

10.1.3 欧盟跨国联合市场机制

2006 年以来，欧盟已陆续实现多国、多区域市场的联合交易，基于统一市场核心规则、实现联合出清的市场机制正在逐步建立。欧洲统一电力市场建设主要包括跨境双边物理合约、日前市场耦合、日内市场、平衡市场四个方面。欧盟跨国电力市场框架如图 10-6 所示。

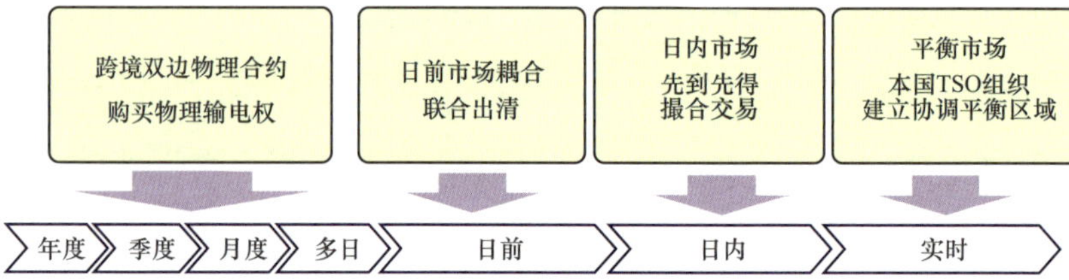

图 10-6　欧盟跨国电力市场框架

（一）跨境双边物理合约

跨境双边物理合约主要由市场成员自行签订，一般为中长期物理跨境交易。为保证双边合约能够执行，需要由市场成员向交易涉及国家的输电运行机构（TSO）购买物理输电权，并且在规定时间内向电力送出国和受入国的 TSO 提交跨境输电计划。

（二）日前市场耦合

各国的日前市场通过市场耦合的方式实现跨境交易和联合出清。截至 2019 年 12 月，欧洲已实现日前市场联合的国家共 27 个。欧盟日前市场采用跨国联合出清、分区电价模式，基本上一个国家为一个价区。日前市场出清采用同一算法进行联合出清，由各大交易所轮值负责；日内市场、实时平衡市场主要由各成员国调度机构负责。日前市场联合出清忽略各国（价区）内部输电阻塞，仅考虑跨国（价区）之间的输电线路容量限制。若跨国输电系统无阻塞，则整个耦合市场形成统一价区；若系统存在阻塞，则分割成不同价区。

（三）日内市场

近年来，随着新能源在欧洲的快速发展，风电、太阳能发电机组的大规模并网给欧洲区域电网的实时功率平衡带来了巨大挑战，为有效平抑新能源的不确定性与波动性，欧洲各国进一步加强能源领域合作，以破除市场壁垒实现新能源的跨区域消纳。在日前市场联合出清的基础上，北欧电力交易所联合欧洲电力现货交易所（EPEX）等多个电力交易所及多个输电网运行机构（TSO）共同启动了欧洲跨境日内市场（XBID）项目来进一步推进欧洲电力市场的一体化建设。XBID项目已成功上线运行，并于2018年6月进行了首次跨境电力交易与电力传输，覆盖了14个欧盟国家。

作为欧洲电力市场的重要组成部分，跨境日内市场的成功耦合与运行有助于解决欧洲新能源发电机组大规模并网所带来的功率波动问题，在提高新能源消纳水平的同时进一步促进欧洲区域需求响应技术的发展。在交易方式上，日内交易中XBID采用了类似于股票市场的滚动撮合成交模式，跨境日内交易的关门时间统一设定为实时运行前60min，且成交信息实现了实时刷新与共享，从而极大地提升了现货市场交易流动性，进一步促进新能源消纳。

（四）平衡市场

近年来，随着欧洲统一电力市场建设的推进，在ENTSO-E的协调组织下，各国正积极探索建立跨国平衡和辅助服务采购机制。

10.1.4 日本跨区交易机制

实施市场化改革之前，日本电力市场是典型的区域垄断市场。发输配售一体化的十大电力公司在各自的经营区域自给自足。跨区的电力联络线薄弱，交易量较少。在日本大地震后，局部地区出现了严重的电力短缺，区域电力的互济变得尤为重要。日本采取了多种方式促进跨区交易。

日本跨区交易模式接近于欧洲跨国日前市场耦合模式。日前市场交易出清仅考虑区域间物理约束，在区域间输电通道无阻塞的情况下，整个市场形成统一的价格；若存在阻塞，则采用“市场分裂”的方式，阻塞区域形成分区电价。

为了实现跨区电力交易，日本采取了一系列措施，主要包括完善过网费机制、建立统一的输电运行协调机构、跨区联络线扩容、完善输电权分配机制等。

（一）废除调拨供电费制度减少跨区交易成本

2005年4月，日本政府为了促进跨区交易的发展，使用户可以不受供电服务区域的约束选择供电公司，废除了调拨供电费制度。在原制度下，在A电力公司经营区域的特定规模电力企业（PPS）向在C电力公司经营区域的用户供电，要根据调拨供电合同（即过网送电合同）向A、B电力公司支付过网送电费。改革后，向A、B电力公司支付的过网送电费不再由PPS承担，改由C电力公司经营区域内的所有用户分摊。

（二）建立广域系统运行协调机构（OCCTO）

2015年4月，日本改革的第一阶段开始，正式挂牌成立了广域系统运行协调机构（OCCTO），负责协调全国各个电力公司调度机构运营。设立广域系统运行协调机构的目的是协调各个电力公司的调度运营，强化日常和紧急情况下的电力稳定供应能力，以及全国范围内的电力供需平衡能力。该机构除了接管日本电力系统利用协会（ESCJ）的职责外，还赋予其在全国范围的电力供需平衡与调整、跨区域电力线路的建设规划、运营等方面的职能，并且加强了其在灾害期间电力调配的权限。在现货市场交易中，也负责跨区联络线阻塞情况的校核。

（三）区域联络线扩容

电改后，日本一直持续增强跨区电力输送能力，日本区域间联络线容易变化情况见表10-2。截至2018年底，连接北海道地区和东北地区的北本联络线的容量已从原来的60万kW增加到90万kW，连接东京地区和中部地区的东京中部联路线（也称东西联络线）的容量从120万kW增加到210万kW。此外，日本政府还考虑将长野地区的直流互联功率提高到210万kW。

表10-2　日本区域间联络线容量变化情况　万kW

地域联络线名称	潮流向	2016年4月	2019年4月	2026年4月（规划）
北海道本州联络线	北海道向	60（①）	90（①）	90（①）
	东北向	60（①）	90（①）	90（①）
东北东京联络线	东北向	66（④）	35（④）	64（④）
	东京向	340（①）	480（②）	623（②）
东京中部联络线	东京向	120（①）	120（①）	210（①）
	中部向	120（①）	120（①）	210（①）

续表

地域联络线名称	潮流向	2016 年 4 月	2019 年 4 月	2026 年 4 月（规划）
中部关西联络线	中部向	250（④）	250（④）	250（④）
	关西向	166（④）	54（④）	178（④）
中部北陆联络线	北陆向	30（①）	30（①）	30（①）
	中部向	30（①）	30（①）	30（①）
北陆关西联络线	北陆向	130（④）	130（④）	130（④）
	关西向	162（②）	176（④）	171（②）
关西中国联络线	关西向	390（③）	389（③）	405（③）
	中国向	278（①）	278（①）	278（①）
关西四国联络线	关西向	140（①）	140（①）	140（①）
	四国向	140（①）	140（①）	140（①）
中国四国联络线	中国向	120（①）	120（①）	120（①）
	四国向	120（①）	120（①）	120（①）
中国九州联络线	中国向	157（④）	228（④）	278（④）
	九州向	46（④）	0（④）	52（④）

注 （）中的数字表示输送容量的决定性因素：①热容量；②同步稳定；③电压稳定；④频率稳定。

10.1.5 比较分析及启示

（一）国外模式的比较分析

从交易方式来看，跨国跨区电力交易主要分为双边交易和集中交易，其中集中交易分为联合市场和统一市场两种模式。我国与邻国、美国与墨西哥、加拿大以及南亚各国之间的电力交易均属于双边交易。欧盟跨国联合市场、日本跨区交易属于联合市场。美国 PJM、MISO 等区域统一市场属于统一市场模式。

从交易周期来看，跨国跨区双边交易以中长期交易为主，集中交易以现货交易为主。联合市场主要开展日前、日内交易，实时平衡交易仍由各国/各地区开展。统一市场模式下，各地区的日前交易、实时平衡交易均在统一市场中开展。

从价格机制来看，跨国跨区双边交易执行合同约定的价格，集中交易可视情况采用节点电价或分区电价模型。由于美国电网结构复杂、阻塞经常发生，市场交易需要在考虑完整安全约束的条件下进行统一优化，因此采用了节点电价模型。欧洲电网结构清晰且发展成熟，阻塞相对较少，可根据网络阻塞情况事先划定分区，忽略价区内部的电网阻塞进行联合出清计算；日本长期分区隔离发展，区域内发展成熟，阻塞较少，但跨区输电通道不足，需考虑跨区联络线容量出清。因此欧洲和日本均采用了分区电价模型。

从阻塞管理方式来看，主要包括显式拍卖法、隐式拍卖法。显式拍卖通过独立于电能量市场的输电权市场公开拍卖出售全部或部分物理输电容量，持有物理输电容量的市场主体方可开展跨国交易，应用于欧洲跨国物理双边交易。隐式拍卖指将输电通道容量约束纳入日前电量优化中统筹考虑，不单独拍卖物理输电权，所形成的阻塞盈余分配给电网企业或以金融输电权的形式返还给市场主体，主要应用于欧洲日前联合市场和美国区域统一市场。

从市场建设路径来看，可以由各国先行建立本国市场再联合，或者直接加入区域统一市场。美国电力工业产权分散，在资源大范围配置、电网开放等需求驱动下，市场成员自发组建区域电力市场，在区域电力市场内部可采用统一的市场规则，实现资源统一优化。欧洲部分成员国较早建立了国内电力市场，各成员国之间的市场模式、交易品种、竞价规则等存在较大差异，难以实现统一，因此采用联合交易的方式推动各成员国的融合开放。和欧盟相比，日本虽然长期实施电力区域垄断，但毕竟是一个国家，各区域电力体制机制基本相同，电力市场建设计划由国家统一安排，跨区交易组织更容易。

（二）对我国的启示

我国能源供需逆向分布、地区间能源资源禀赋、经济发展水平差异显著、清洁能源迅猛发展等特点，决定了必须在全国范围统筹能源配置。近年来，以特高压电网为骨干网架、各级电网协调发展的坚强国家电网不断加快建设，电网结构逐步加强，区域间、省间的输送能力不断提升，为全国电力市场建设提供了坚强的物质基础和载体。同时，我国长期以来省为实体的行政、财税管理体制决定了省级电力市场在我国电力市场体系中仍然发挥着基础性作用。因此，我国电力市场体系建设既要借鉴国外成熟经验，又必须充分考虑我国的实际情况进行系统设计和思考。

一是加强电力市场顶层设计。欧盟在2011年明确提出建设欧盟内部统一能源市场的目标，要求各成员国加快电网互联，实现能源在欧盟范围内的自由输送和供应，并为推进能源市场立法、统一运行规则和技术标准等各项工作列出完成时间表。我国电力市场建设经历了较长的实践探索过程，当前中长期市场、现货市场、辅助服务市场等已具雏形，下一步应深化全国电力市场顶层设计研究，明确提出全国电力市场建设路径，加强各市场、各地区间的统筹协调。

二是扩大市场优化范围。从美国、欧洲跨国跨区市场经验来看，不断扩大市场范围，实现资源在更大范围内的优化配置是国外电力市场的发展趋势。欧盟正在致力于扩大日内联合市场覆盖范围，美国西南电力库等区域统一市场不断有新成员加入。我国已经初步形成全国联网的格局，跨省跨区资源优化配置需求显著，市场建设应以大范围资源优化配置为主要目标之一。

三是研究探索跨省跨区输电权交易机制。从国外经验来看，为了促进电力资源的大范围优化配置，各国根据国情和市场模式均采用了输电权交易的方式进行跨境输电通道容量分配。建议研究探索适应全国电力市场建设的省间输电权交易机制，充分挖掘省间输电通道资源利用空间。

10.2 新能源[1]参与电力市场机制

10.2.1 我国新能源参与电力市场现状

我国风电、光伏发电实行保障性收购与市场化消纳共存的消纳制度。国家发展改革委、国家能源局发布了《关于做好风电、光伏发电全额保障性收购管理工作的通知》(发改能源〔2016〕1150号),该通知核定了部分地区规划内的风电、光伏发电最低保障收购年利用小时数(后亦称保障利用小时数),并规定“保障性收购电量应由电网企业按标杆上网电价和最低保障收购年利用小时数全额结算,超出最低保障收购年利用小时数的部分应通过市场交易方式消纳”后经逐步完善调整,逐渐确立了现有制度。

(一)我国新能源价格机制

总体来说,我国风电、光伏发电对应保障利用小时数内的发电量由电网公司以收购价统一收购,未下发保障利用小时数的地区为新能源全部电量。保障利用小时数之外的发电量参与电力市场,以市场方式确定价格并保证其电量全额消纳,我国新能源价格与保障利用小时数关系如图10-7所示。

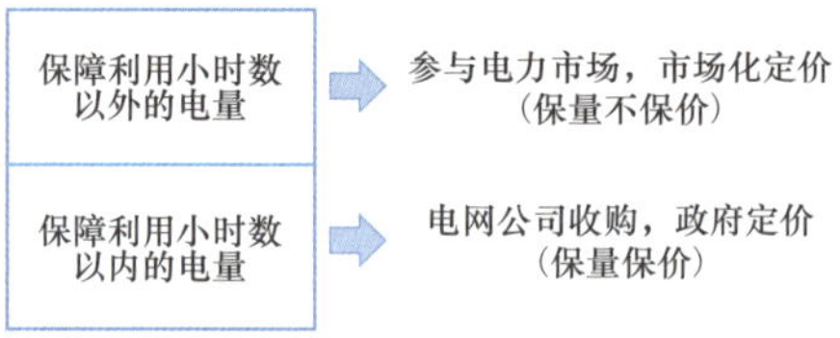

图10-7 我国新能源价格与保障利用小时数关系

综合考虑政策衔接,我国新能源价格机制具体见表10-3。

[1] 指风电、太阳能发电。

表 10-3　我国新能源价格机制

<table>
<tr><th>新能源电量部分</th><th colspan="2">新能源价格（补贴）部分</th></tr>
<tr><td>竞争性配置项目且在保障利用小时数以内电量</td><td>中标价格（含可再生能源基金补贴）/招标机制</td><td rowspan="4">固定上网电价机制
[电网企业收购价＋可再生能源基金补贴（若有）]</td></tr>
<tr><td>平价项目（平价上网项目均为保障利用小时数以内电量）</td><td>当地煤电标杆上网电价</td></tr>
<tr><td>低价项目（低价上网项目均为保障利用小时数以内电量）</td><td>合约价格（低于当地煤电标杆上网电价）</td></tr>
<tr><td>其他常规新能源发电项目且在保障利用小时数以内电量</td><td>当地新能源标杆上网电价（当地煤电标杆上网电价＋可再生能源基金）</td></tr>
<tr><td>保障利用小时数以外电量</td><td colspan="2">溢价机制（市场电价＋可再生能源基金补贴）</td></tr>
<tr><td>所有可再生能源发电企业（含风电、光伏发电、水电）电量</td><td colspan="2">可再生能源电力消纳责任权重（可再生能源配额制）</td></tr>
<tr><td>陆上风电、光伏发电企业（不含分布式光伏发电）电量</td><td colspan="2">绿色电力证书</td></tr>
</table>

（1）固定上网电价机制。

固定上网电价机制（Feed-in tariff）指政府直接明确规定各类新能源发电的价格，电网企业按照政府定价收购新能源电量，由此增加的额外购电成本支出由国家补贴或计入用户销售电价。

新能源保障利用小时数内的电量由电网公司以收购价进行统一收购。除平价、低价项目外，均含可再生能源基金补贴。由于该部分电网收购价和可再生能源基金补贴均不受电力市场影响，新能源保障利用小时数内的电量可视为采用固定上网电价机制。

电网企业收购价确定方式：对非竞争性配置的新能源发电项目、平价项目，为当地燃煤固定上网标杆电价；对低价配置项目，为合约价格；对竞争性配置项目，为中标价格。

（2）溢价机制。

溢价机制（Feed - in premium）指政府在以常规电力市场电价加上一定额度的奖励电价（溢价）作为新能源发电实际获得的电价，溢价为可变或固定的。

新能源保障利用小时数外的电量参与电力市场，以市场方式确定价格但保证其电量全额消纳。同时，该部分电量均可获得可再生能源基金补贴。新能源保障利用小时数外的电量可视为采用溢价机制，溢价为可再生能源基金补贴。

（3）可再生能源电力消纳责任权重（可再生能源配额制）和绿色电力证书。

可再生能源配额制（Renewable portfolio standard）指政府以法规的形式规定可再生能源发电的市场份额，电力供应商完成配额（配额/证书），并建立相应的交易制度，使得配额或证书可以在能源企业之间进行买卖，配额或证书的价格由市场决定。

2017 年 1 月，国家发展改革委、财政部、国家能源局下发《关于试行可再生能源绿色电力证书核发及自愿认购交易制度的通知》（发改能源〔2017〕132 号），为陆上风电、光伏发电企业（不含分布式光伏发电，以下同）所生产的可再生能源发电量发放绿色电力证书，风电、光伏发电企业出售可再生能源绿色电力证书后，相应的电量不再享受国家可再生能源电价附加资金的补贴。由于绿色电力证书采取自愿认购方式，认购效果并不理想。

2019 年 5 月，国家发展改革委、国家能源局下发《关于建立健全可再生能源电力消纳保障机制的通知》（发改能源〔2019〕807 号），规定售电企业和电力用户协同承担消纳责任，标志着可再生能源配额制以可再生能源电力消纳责任权重的形式正式实施。承担消纳责任的市场主体以实际消纳可再生能源电量为主要方式完成消纳量，同时可通过向其他市场主体购买其超额完成的可再生能源电力消纳量，或自愿认购可再生能源绿色电力证书来完成。

（二）我国新能源参与电力市场现状

如前所述，对已出台保障利用小时数的省份，风电、光伏发电可参与市场化交易。当前我国八个现货试点省（广东、内蒙古、浙江、山西、山东、福建、四川、甘肃）中，仅部分省存在风、光新能源保障利用小时数，新能源参与现货市场，其他省份新能源主要参与中长期电力市场。

（1）新能源参与省内中长期市场。

新能源参与省内中长期市场的方式主要有电力直接交易、合同交易等。在我国部分省中长期电力市场中，新能源发电机组与常规机组参与方式相同，主要通过与用户签双边协议，在现货市场中按照差价合约结算。

（2）新能源参与省内现货市场。

新能源参与省内现货市场主要存在报量不报价和报量报价两种方式。

以报量报价的方式参与现货市场。为降低新能源在中长期市场中的预测误差，提高新能源竞争力，由交易中心在日前分解中长期合约曲线，新能源在日内实时市场中也可二次申报其量价曲线。

以报量不报价的方式参与现货市场。报量不报价的方式可以保障新能源优先出清，全额消纳。

（3）新能源参与省间中长期市场。

新能源参与省间中长期市场主要包括省间新能源外送交易、省间新能源直接交易和省间新能源合同交易等。

省间新能源外送交易指新能源发电企业与电网之间（省间点对网）或者送受端电网之间（省间网对网）开展的购售电交易，相应电网企业按规定提供输配电服务，如新能源与常规电源打捆外送。

省间新能源直接交易指新能源发电企业与其他省电力用户、售电公司（省间点对点）按照自愿参与的原则直接进行的购售电交易，相应电网企业按规定提供输配电服务，截至2019年，国内仅有银东直流的少数案例。

省间新能源合同交易指不影响相关方利益的前提下，通过市场化交易方式实现市场主体之间合同电量的有偿出让和买入。省间合同交易按照组织类型分为合同回购、合同转让和合同置换。

(4) 新能源参与省间现货市场。

在日前计划及日内实时调度中，对省内调峰受限的富裕新能源开展跨省区现货交易，具体根据国家电力调度控制中心、北京电力交易中心发布的《跨区域省间富余可再生能源电力现货交易试点规则》实施。截至2019年底，省间现货交易均为网对网交易。

（三）我国新能源市场化消纳面临的问题和挑战

一是随着新能源发电占比提升、电力市场建设推进等，保障性收购制度与新能源市场化消纳的矛盾日益突出。随着发用电计划放开，用电侧市场化电量比例最高将达70%，新增电量部分可能要求新能源进入市场，与保障性收购政策产生矛盾。

二是新能源参与市场机制尚未完善，需进一步研究新能源尤其是高比例新能源参与的市场机制设计。随着新能源发电占比的不断提升、新能源电力消纳责任权重政策的实施，电能量、辅助服务市场需综合考虑新能源出力特点，并公平反映灵活性机组的调节效益，实现社会福利最大化和新能源消纳。

10.2.2 国外新能源参与电力市场机制

国外新能源装机较高的国家中，有些要求新能源参与市场，有些由电网企业保障性收购。具体而言，美国、德国、英国、意大利、西班牙、澳大利亚、葡萄牙、丹麦等国家新能源参与电力市场；日本、芬兰等国家新能源由电网企业直接收购，不参与电力市场。为促进新能源的发展和利用，各国政府制定了相应的激励政策，主要包含价格（补贴）机制、适应新能源接入的市场交易规则等。截至2018年底全球新能源（风电、光伏发电）装机排名如图10-8所示。

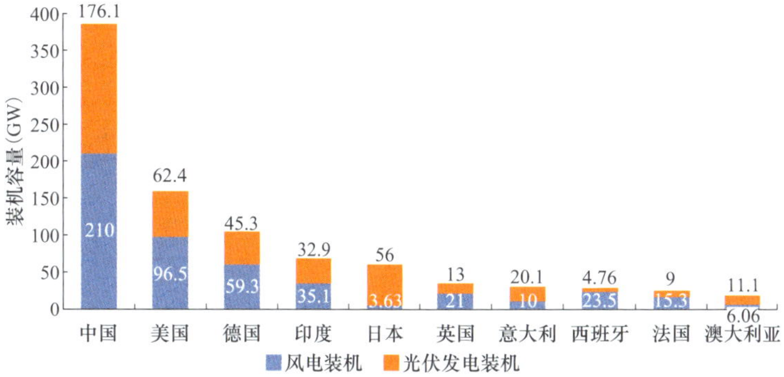

图 10-8　截至 2018 年底全球新能源（风电、光伏发电）装机排名

（一）新能源价格机制

国外新能源价格机制主要包括固定上网电价机制、溢价机制、差价合约（Contract for Difference）、可再生能源配额制等，新能源价格（补贴）机制见表 10-4。

表 10-4　　新能源价格（补贴）机制

新能源价格（补贴）机制	国家
固定上网电价机制	日本、芬兰、德国（2012 年以前），意大利、葡萄牙等国部分小容量新能源发电机组
溢价机制	德国（2012 年以后）、西班牙、丹麦、荷兰等国
差价合约	英国（2013 年以后）
可再生能源配额制	美国、澳大利亚、挪威、瑞典、英国（2017 年以前）

（1）固定上网电价机制。日本、芬兰等国实施固定上网电价机制，意大利、葡萄牙等国通常只对容量较小的新能源发电机组实施固定上网电价机制。

（2）溢价机制。德国、西班牙、丹麦、荷兰等国采用溢价机制，其中西班牙新能源发电商可自由选择固定上网电价或参与市场的溢价机制。

（3）差价合约机制。英国于 2013 年后开始实施差价合约，新能源发电商与政府所有的公司签订合约，该公司向新能源发电商支付或收取市场电价低于或高于差价合约敲定价格的部分，相当于由该公司承担市场电价波动的风险，对发电商来说基本等同于固定上网电价。

（4）可再生能源配额制。美国、澳大利亚、挪威、瑞典、英国（2017 年以前）采用可再生能源配额制。

（二）适应新能源接入的市场机制

风电、光伏发电等新能源出力存在一定的随机性和波动性，随着新能源发电占比的不断提升，国外在市场组织和运营中充分考虑新能源的发电特性，建立了适应新能源接入的市场交易机制。

（1）电量偏差处理机制。

考虑到新能源自身存在的出力不确定性，相比于常规能源，新能源发电机组在国外电力市场中的偏差处理机制与常规发电机组有所不同。

1）美国得州电力市场。对常规机组而言，其出力超出考虑辅助服务调用的基点指令值 5%或 5MW（取二者中较小值）时，将受到偏差处罚。对风电场的基点指令偏差处罚标准要宽松一些，只在弃风状态下风电场出力高于基点指令值 10%以上时才予以处罚。

2）北欧电力市场。风电企业要为其在日前现货市场中的出力预测误差接受惩罚。在平衡市场中，若不平衡量与系统不平衡量相反，则风电企业需接受惩罚，按照日前现货市场价格结算。若不平衡量与系统不平衡量相同，则企业免受惩罚，按平衡市场出清价格结算。

（2）调峰机制。

新能源发电机组的大规模并网消纳必须依靠电力系统良好的调峰能力。为促进新能源的消纳，除鼓励具有良好调峰能力的机组参与市场外，国外还建立了引导新能源发电机组主动参与调峰的市场机制，如新能源发电机组减出力奖励、负电价交易制度等。

1）爱尔兰。在电力供应过剩时，如果风电机组减少系统出力，风电机组将通过电力市场获得奖励。风电机组获得的减出力奖励能 100%覆盖该机组在电力市场的获利。

2）北欧电力市场。北欧电力交易中心于 2009 年 11 月 30 日推出负电价交易制度，即发电企业在电力过剩时继续发电则要向电网公司付费。负电价是以价格手段实现电力供需平衡的一项重要举措。引入负电价政策以后，包括风力发电企业在内的所有发电商都会对市场供需及时做出反应，自主调节发电量，从而大大降低了电力调度机构的系统平衡成本。

(3) 调节性机组投资保障机制。

国外通过容量市场、稀缺电价机制、补贴机制等为常规机组建立合理的投资保障机制，调动各类型电源，尤其是灵活性较高的电源投资的积极性，保障电力系统长期的安全可靠运行。

1）容量市场。为适应新能源发电占比不断提高的趋势，国外通过容量市场收益弥补单独电能市场收益对投资刺激的不足，为具有间歇特性的新能源提供充足的备用容量，如英国电力市场、美国 PJM 电力市场、新英格兰电力市场（ISO - NE）、纽约电力市场（ISO - NY）和北欧四国电力市场等。

2）稀缺电价。由于新能源的大量接入造成批发电力市场价格降低，常规机组的收益受到影响。因此，美国得州电力市场（ERCOT）在实时市场中实行了稀缺定价机制，从而在系统备用低时对常规机组进行一定的经济激励。

(4) 跨区跨国电力交易。

风电、光伏发电等新能源出力的随机性和波动性决定了电力交易必须在更大范围内进行优化配置，各国也积极倡导电力的跨区跨国交易，加强骨干电网和跨国联网的建设。

以北欧电力市场为例，北欧四国的电源结构具有一定的互补性，使得跨国电量交易非常频繁，丹麦、挪威和瑞典之间交易了大量的新能源电力。当丹麦的风电发电量超出其用电所需，多余的电力就输送到挪威和瑞典，以帮助这两个国家节省用以发电的水资源。

（三）国外经验对我国新能源市场化消纳的启示

基于我国电力体制改革和电力市场建设情况，分析并借鉴国外新能源消纳的实践与经验，启示如下：

（1）新能源带补贴参与电力市场是绝大多数国家的政策调整方向。在新能源发展初期，通过固定上网电价机制、溢价机制、可再生能源配额制等政策鼓励新能源发展，保证新能源在电力市场中的竞争力。随着新能源发电竞争力和发电占比的不断提高，政府将逐渐减低补贴。

（2）新能源依靠较低的发电边际成本可通过现货市场中实现优先消纳。国外新能源主要通过参与现货市场实现消纳，同时，新能源的低发电边际成本会降低现货市场批发电价。如由于风电发电量和太阳能发电量的大幅增加，澳大利亚 2019 年第四季度现货批发电价为 72 澳元/（MW·h），同比降低 19%，为 2016 年第四季度以来最低水平。

（3）公平、合理的偏差处理原则能促进新能源的市场化消纳。由于新能源自身存在的出力不确定性，与常规发电机组相比，国外电力市场在处理新能源产生的偏差上更为宽松，以鼓励新能源参与电力市场交易。

（4）完善的调峰、调频及辅助服务机制是新能源发电调度的保障。国外为保障新能源的大规模消纳，一方面需通过合理的投资保障机制调动各类型电源，尤其是灵活性较高的电源投资的积极性，保障电力系统长期的安全可靠运行；另一方面，需通过建立调峰、调频及辅助服务的激励机制，充分调动灵活性资源潜力。

（5）新能源发电需在更大的区域和市场范围内消纳。由于新能源具有随机性、波动性和反调峰的特点，国外普遍通过在更大区域和市场范围内进行交易，从而与其他类型电源相互配合更好地发挥新能源清洁节能减排的功效。我国的资源禀赋和经济发展现状也要求新能源必须通过跨省跨区实现资源的大范围优化配置。

10.2.3 我国新能源参与电力市场建议

一是明确新能源参与市场的补贴政策，保证新能源市场参与积极性。考虑到国外新能源大都依靠溢价机制、可再生能源配额制等参与市场，为保证新能源在电力市场中（尤其是市场建设初期）的竞争力，需明确参与市场的新能源发电量对应的国家可再生能源发展基金补贴制度。

二是按照先省间、后省内的方式合理确定各省新能源保障利用小时数。按照优先发购电匹配，先确定跨省跨区优先发电（含国家计划、政府间协议）中新能源发电量规模，以此为基础确定各省内新能源保障性发电量规模，确保新能源保障性收购与市场化消纳的有效衔接。

三是结合新能源出力预测精度随预测提前时间减小而提高的特性，建立适合新能源参与的多时间尺度电力市场。国外通过建立多时间尺度电力市场、缩短交易周期的方式适应新能源的大规模接入。借鉴国外相关经验，建议我国在省内优先购电保量保价收购基础上，新能源发电商可通过在中长期市场中与省内用户、售电公司签订双边直接交易合同，合同曲线可在交割日到来前进行协商调整。依靠边际成本低的优势，新能源发电量可在日前市场中以报量报价或报量不报价的方式实现优先消纳，并在实时市场中进行二次申报。

四是通过打捆互补等方式减小新能源出力波动和偏差的影响，提升新能源在省间市场的竞争力。考虑到我国省间市场中长期合约物理执行，且正实现由电量向电力转变，在省间外送交易中，鼓励新能源发电与火电等进行打捆互补，以减小新能源出力波动和偏差的影响，并建立相应的利益共享机制。

五是建立公平、合理的偏差处理机制，促进新能源的市场化消纳。考虑到国外电力市场在处理新能源发电机组出力偏差上与常规发电机组相比更为宽松的情况，可针对各地区电力现货市场实际情况，研究制定针对新能源的偏差考核方式以及惩罚费用。如奖惩只在新能源企业内部收取、分配，在不影响新能源整体收益的前提下，激励新能源企业进一步提升其出力预测精度，同时也能降低高比例新能源发电给电网系统带来的运行压力。

10.3 需求侧响应机制

10.3.1 我国需求响应发展现状及问题

（一）我国需求响应发展现状

近年来，电网供需形式变化和清洁能源快速发展，为我国电力需求响应发展创造了有利条件。国家正逐步制定完善支持政策，部分省份已经试点开展了虚拟电厂等需求响应项目，正稳步推进需求响应建设发展。

在政策方面，国家和部分省（区、市）出台了促进需求侧响应发展的支持政策。2017 年国家发展改革委、工信部、财政部等六部委联合印发《关于深入推进供给侧结构性改革做好新形势下电力需求侧管理工作的通知》，对电力需求侧管理办法进行修订，明确扩大需求响应试点范围，利用需求响应资源提供有偿调峰和调频服务、促进新能源消纳等。江苏、河南等试点省（区、市）都因地制宜出台了具体实施方案。

在试点方面，相关省（区、市）围绕电网运行实际需要，开展了差异化需求响应试点。2019 年已在浙江、上海、江苏、河南、山东、重庆、天津等省（区、市）试点开展了电力需求响应项目。天津通过需求响应重点解决春节用电低谷时期电网调峰困难问题，山东、江苏、江西等地着重解决迎峰度夏（冬）用电高峰期电网平衡问题，浙江、河南等地解决局部电网受限问题，上海、河北（冀北）等地着力解决避峰用电、提高电网灵活性问题，新疆、青海、甘肃等地重点探索通过需求响应促进新能源消纳。

试点省（区、市）积极创新价格及补贴机制、支撑技术等，推动需求响应有序发展。天津、河南、上海等省（区、市）主要采用约定时间、约定容量的削峰填谷需求响应方式，浙江、山东、甘肃等地拟将需求响应纳入电力现货市场交易，冀北将需求响应纳入华北调峰辅助服务市场。试点省（区、市）普遍构建了需求响应服务、聚合、信息交互等技术支持系统或功能模块，通过工业用户季节性尖峰电价、跨区域省间富余可再生能源电力现货交易购电差价盈余，多渠道筹措需求响应补贴资金。

电力需求响应试点情况见表10-5。

表10-5　　电力需求响应试点情况

省份	天津	山东	上海	江苏	浙江
准入资格	电力大用户、负荷聚合商	电力大用户、售电公司	所有电力用户、虚拟电厂	电力大用户、负荷聚合商	电力大用户
响应机制	约定需求响应和实时需求响应	单边竞价形成边际出清价格和响应量	约定需求响应	约定需求响应和实时需求响应	约定需求响应
补贴机制	固定价格补贴与补贴系数	市场化补偿出清价格与补贴系数	固定价格补贴与补贴系数	固定价格补贴与补贴系数	固定价格补贴

（二）我国需求响应发展面临的挑战

大力发展需求响应对推动电网运行从源随荷动向源荷互动模式转变，提高电网灵活性、安全可靠性，延缓电网投资，促进清洁能源消纳，提高电网运行经济性具有重要意义。我国推进需求响应资源开发过程还面临政策法规不健全，激励机制、价格机制不善等问题。

一是政策法规还不健全。国家层面出台了《电力需求管理办法》，用于指导需求响应发展，但对需求响应规划、参与交易的市场机制、技术标准等方面的相关要求还不够细致。

二是需求响应补贴机制尚不完善。截至2019年底，全国仅8省（区、市）出台了需求响应专项支持政策，政府财政资金和跨区域省间富余可再生能源电力现货交易购电差价盈余等可用渠道、可筹集的资金规模有限，难以支撑需求响应规模化、常态化发展。

三是需求响应资源参与市场机制有待建立。电力现货市场和辅助服务市场处于起步阶段，交易机制还处在不断完善过程中，交易品种相对单一，需求响应资源作为交易主体参与交易报价的方式、结算规则等还有待明确和完善。

四是拓展需求响应资源的商业模式还有待完善。整体来看，2019 年需求响应还处于试点推广阶段，需求响应资源获利方式相对单一，一方面需加快培育负荷聚合商等新兴市场主体，另一方面需加快创新需求响应资源新业务、新业态、新模式，加快挖掘其商业价值潜力。

10.3.2 需求响应国际经验及启示

需求响应旨在通过市场价格信号、经济激励或者系统运营机构的直接指令而改变终端电力用户的电力消费行为和消费模式，欧美各国需求响应发展起步较早，且市场机制较为成熟。

（一）美国需求响应建设经验

美国政府自 1992 年起陆续出台了《能源政策法》《能源独立与安全法》等一系列支持需求响应发展的政策，美国政府支持需求响应发展的相关政策见表 10-6。这些政策为需求响应资源参与电能批发市场、辅助服务市场、容量交易等提供了法律基础和政策环境。

表 10-6　美国政府支持需求响应发展的相关政策

时间	政策名称	作用	主要内容
1992 年	《能源政策法》	法律保障	鼓励需求响应投资，并允许需求响应资源参与电能批发市场
1996 年	联邦能源管理委员会第 888 号令	政策激励	解除批发市场与输电服务的绑定，允许需求响应资源参与批发市场竞争
2005 年	《能源政策法》	法律保障	鼓励采用分时电价促进需求响应技术发展
2007 年	《能源独立与安全法》	政策激励	要求联邦能源管理委员会对需求响应潜力做出评估，明确发展障碍，制订政策建议

续表

时间	政策名称	作用	主要内容
2009 年	联邦能源管理委员 2009 年第 719 号令	鼓励市场化交易	允许需求响应直接参与批发市场竞价
2011 年	联邦能源管理委员会第 755 号令	鼓励市场化交易	允许需求响应作为替代电源参与电力供需平衡

基于美国能源部和联邦能源管理委员会对需求响应的政策支持，PJM 和 NYISO 等区域电力市场都开展了需求响应项目。PJM 开展了紧急需求响应、经济需求响应两类项目。NYISO 开展了紧急负荷响应、特殊资源项目、日前负荷响应三类需求响应项目。总体来看，需求响应资源获利渠道多元化，可通过参与负荷削减、参与容量市场交易、参与日前或实时交易等获得经济补偿。

美国需求响应的发展主要呈现以下特点：**一是建立固定费率补偿、市场交易机制相结合的需求响应补贴机制**。PJM 和 NYISO 的紧急需求响应以固定费率的价格补偿机制为主，最高补偿价格达 0.5 美元/（kW•h），响应主体经济收益取决于具体执行的固定补偿费率和实际需求响应规模；需求响应主体还可通过集中竞价出清等方式确定常规响应价格，结合实际需求响应规模确定经济收益。**二是逐步放宽准入门槛，加快多元响应主体尤其是中小用户的培育**。开展需求响应初期，PJM 仅允许容量超过 1MW 的工业大用户参与。截至 2019 年底，PJM 和 NYISO 参与需求响应的市场主体已包括自备电厂、电力大用户和负荷聚合商等，最低响应容量也降低到 100kW，中小电力用户可通过负荷聚合商代理参与市场交易等。

（二）欧洲需求响应发展及市场交易机制

欧盟《能源效率指令》明确，消费者可以单独或者通过负荷聚合商参与市场交易，为需求响应资源参与平衡市场和辅助服务提供公平环境。欧盟各成员国结合国情和电力供需情况开展了各具特色的需求响应试点项目。

英国允许电力大用户和负荷聚合商参与辅助服务市场，由受益市场主体分摊辅助服务成本。英国市场主体包括容量大于100kW的电力大用户和负荷聚合商，在交易品种上扩展至调频和备用容量两种辅助服务，在补偿成本分摊机制上也由电力库时期的发电侧单边分摊机制转变为向所有受益市场主体分摊辅助服务成本的机制。

法国建立允许需求响应资源参与的容量市场，通过电价制度促进需求响应资源可持续发展。2013年法国启动容量市场建设，并允许需求响应资源参与。法国制定了“红白蓝三色电价”政策，根据天气、系统运营及负荷状况，把一年分为红色22天（电价最高）、白色43天（电价次之）、蓝色300天（电价最低）。电网公司每天17：00左右公布次日电价颜色，引导电力用户优化响应安排。

（三）国际经验总结

美国、欧洲等国家和地区需求响应发展较为成熟，其对我国的启示包括以下几方面。

一是持续完善需求响应发展的政策法规体系，提供政策法律保障。政府普遍通过立法手段确保需求响应在电力供需平衡和电力市场交易中的合法地位，为需求响应资源参与辅助服务市场、现货市场、容量市场交易提供了法律支撑和政策支持。

二是完善激励措施，推动需求响应快速起步、稳妥发展。美国和欧洲在需求响应初期，通过制定具有吸引力的固定价格价格补偿等措施，激发市场主体开展需求响应的积极性；随着电力市场的建设和完善，逐步建立健全市场化的成本分摊和传导机制。

三是需求响应机制设计需与电力市场建设相协调。需求响应机制的设计需充分考虑电力市场建设进度等实际情况，在市场主体准入标准、交易品种、交易流程、结算机制等方面做好衔接。市场建设发展初期，可采取固定价格补偿的方式，逐步过渡形成市场化价格机制。

10.3.3 对我国需求响应机制的相关建议

（一）健全完善需求响应政策机制体系

一是夯实需求响应法律基础。在《能源法》《电力法》等法律法规中明确需求响应的市场主体地位，将需求响应纳入能源、电力市场建设和准入范围，为需求响应发展提供法律保障。

二是加强需求响应顶层设计。将需求响应纳入“十四五”能源电力规划，研究制定需求响应发展目标、建设路径、重点任务等，为需求响应的长远发展提供政策支持和引导。

三是完善需求响应技术标准。在需求响应平台、终端、互操作协议方面，推动建立统一的技术标准体系，对不同设备厂商间建立统一的通信协议、接口方式、控制模式，从而为需求响应机制发展奠定技术支持基础。

（二）分类设计需求响应资源参与市场交易机制

因地制宜推动将需求响应纳入辅助服务市场、电力现货市场和容量市场，完善需求响应与各项市场交易的衔接机制，逐步培育市场主体和市场意识，实现需求响应的市场化交易。

一是对于尚未建立辅助服务市场和电力现货市场的地区，需求响应资源以参与削峰填谷为主，具备直接交易资格的用户可与电网企业签订需求响应合约，根据需求响应指令在约定时段执行需求响应，并根据实际响应量和合约价格补偿机制获得经济补偿。

二是对于已经建立辅助服务市场的地区，需求响应资源以参与调峰辅助服务为主，用户和售电公司等需求响应交易主体向市场运营机构申报容量和价格等信息，市场运营机构进行集中优化出清、安全校核等，市场运营机构监测实际响应情况并按照价格补偿机制结算。

三是对于初步建立电力现货市场的地区，需求响应资源以电量交易为主，可分为削峰需求响应和填谷需求响应两种方式。削峰需求响应中，响应主体作为“正电源”在竞价中标时段削减电力负荷；填谷响应中，响应主体作为“负电源”在竞价中标时段增加电力负荷。

（三）建立健全需求响应补偿机制

一是科学设计需求响应资源参与调峰辅助服务的价格补偿机制。**初期**，为鼓励需求响应资源参与调峰辅助服务，通过固定价格补偿方式提供激励信号，可适当提高固定价格水平，增强需求响应资源参与辅助服务市场的意愿，加快市场意识培育。**过渡期**，逐步降低固定价格水平，将部分辅助服务成本收益合理分摊。**成熟期**，按照“谁提供、谁受益，谁使用、谁承担”的原则，向参与市场交易的电力用户、新能源发电企业和未履行调峰义务的火电机组按照电量比例进行分摊。

二是合理设计需求响应资源参与市场交易的偏差考核机制。在需求响应发展初期，对于需求响应资源参与辅助服务市场、电力现货市场等市场交易产生的偏差电量，可设置相对宽松的考核标准甚至免考核。随着需求响应资源规模扩大、响应能力增强，逐步通过电力市场交易平衡机制合理设计偏差电量的考核机制。

三是研究设计需求响应资源参与市场容量交易的补偿机制。对于需求响应资源参与市场容量交易，可探索建立“固定收入＋实际调节收入”的补偿模式，固定收入通过竞标备用容量、出清价格确定，实际调节收入根据实际调节电量/电力获得回报。“固定收入＋实际调节收入”的补偿模式保障了需求响应主体的基础收入，同时也能增强对响应主体参与需求响应交易的积极性。

11

展　望

我国能源电力行业正在向清洁化、低碳化、数字化智能化转型，能源电力企业也积极进行转型升级。国家电网有限公司提出了“具有中国特色国际领先的能源互联网企业”的战略目标。我国电力市场建设正在加速推进，需要深入分析当前能源电力行业和企业面临的新形势，借鉴国外成熟电力市场的经验，建立适合中国的电力市场机制。

（1）新能源高比例接入成为各国电力市场面临的共同挑战，我国市场化改革过程中需要充分考虑新能源发电的特点，建立适应新能源发展要求的市场机制。

随着技术的进步，新能源发电正在变得越来越具有成本竞争力，世界不少国家新能源发电都实现了平价上网，许多发达国家新能源发电装机占比超过了20%，正在逐步实现对传统发电的替代。但同时由于新能源发电具有间歇性的特点，难以适应传统的电力市场机制。为促进新能源发电的发展，美国在2019年引入了更加丰富的辅助服务交易品种，为辅助服务合理定价，促进其他电源为新能源发电提供调节服务；欧洲多个国家探索建立容量市场，确保系统备用容量充足。我国长期以来实行可再生能源发电全额保障性收购政策，新能源参与电力市场的经验不足，预测管理基础薄弱，需要在市场机制设计时充分结合新能源特点，通过多时间尺度、多市场空间的衔接最大程度促进新能源消纳，探索新能源参与的电能市场机制、辅助服务和容量市场机制等。同时也需要统筹考虑消纳责任权重市场建设、完善新能源补贴机制和新能源偏差处理机制等关键问题。

（2）需求侧资源在电力市场和电力系统运行中作用进一步凸显，我国需求侧潜力巨大，需要逐步完善政策体系和市场机制，为需求侧资源有效利用提供合理的激励措施。

国外在推进需求侧资源参与市场以及通过利用需求侧资源降低系统规划成本与运行成本方面采取了很多措施。美国自1992年起陆续出台了一系列促进需求响应发展的扶持性政策，为需求侧资源参与电能量市场、辅助服务市场、容量交易等提供了法律基础和政策环境。我国部分省（区、市）已经试点开展了虚拟电厂等需求侧响应项目，在推进需求响应资源规模化、常态化发展过程中，我国还面临政策法规不健全，需求响应资源补贴机制、参与市场机制及拓展需求响应资源的商业模式不完善等问题。未来建议着力健全完善需求侧资源利用的政策体系和市场机制，并将需求侧响应纳入“十四五”能源电力规划，进一步明确发展目标、建设路径、重点任务，并抓紧制定完善需求响应平台、终端、互操作协议等技术标准。在市场机制方面，因地制宜推动将需求侧资源纳入辅助服务市场、电力现货市场和容量市场，完善需求侧资源与各类市场交易的衔接机制，逐步培育市场主体和市场意识。近期可通过科学设计需求侧资源参与调峰辅助服务的价格补偿机制、参与市场交易的偏差考核机制、参与市场容量交易的补偿机制等，增强对需求侧资源的经济激励，激发需求侧资源积极性。

(3) 建设有利于资源大范围优化配置的电力市场是国际发展趋势，各省电力市场模式和规则需充分考虑市场融合需要，具备良好的开放性、兼容性和可扩展性。

大范围电力市场能够实现不同能源之间的优势互补、提高能源利用效率，已成为国外电力市场建设的共同趋势，特别是新能源的发展直接推动了大市场的形成。欧盟正在推动统一能源市场的建设，各成员国不断深化自身电力市场建设、加强区域能源合作；美国中西部、西南部等区域电力市场的范围正在进一步扩大，并在 FERC 的推动下不断加强市场间在交易组织和系统运行方面的协调。我国能源资源与负荷中心分布不均衡的禀赋决定了电力资源需要在大范围进行优化，建设全国统一电力市场、支撑省间电力交易的发展已成为大势所趋。目前各省分别进行了市场设计，为便于各省市场融合开放、促进全国范围内资源优化配置，各省应因地制宜、科学合理选择电力市场模式，确保市场模式有良好的开放性、兼容性和可扩展性。同时，充分考虑市场要素在全国范围内优化配置的需要，市场规则设计应在市场主体注册、电价机制、交易平台技术标准等方面加强协同，并注重规范省间交易与省内交易的时序衔接、接口标准等，做好省间省内市场的衔接协调。

（4）国际能源形势愈加复杂多变，我国在市场化改革和电力市场建设中要更加重视能源安全问题。

能源是国民经济发展的重要支撑，能源安全直接影响到国家安全、可持续发展以及社会稳定。在全球政治经济格局和能源地缘政治态势大变动，以及新冠疫情蔓延的大背景下，国际油市的大动荡再次给中国能源安全敲响了“警钟”。从行业来看，电力安全已成为国家安全的重要组成部分，在推进电力改革发展中，必须始终把保障电力安全放在首位，对经济性、环保性、便捷性的追求必须建立在安全可靠供电的前提下。结合国情，建议电力市场的推进重点研究解决好高比例新能源接入背景下电力系统的安全稳定运行问题，做好电力市场应急预案和风险管控，并加强容量市场机制设计，保障系统发电容量充裕度、调节能力和运行安全。

（5）电力市场化改革要明确政府与市场的定位与边界，科学实施电力监管，实现市场的公平竞争。

在电力市场化改革中，构建科学的监管体系对弥补市场失灵、防止垄断企业滥用市场势力、促进电网企业效率提升等方面发挥了重要作用。近年来，各国电力监管机构不断加强监管力度、改进监管方式，以保障市场公平竞争，促进电网合理投资，维护用户利益。进一步明确政府与市场的定位，实施科学的电力监管是我国新一轮电力体制改革重点任务之一，也是国家治理现代化的内在要求。随着电力市场化改革的推进，市场机制这个“看不见的手”和政府监管这个“看得见的手”需要相互补充、相互协调、相互促进、动态调整。我国需要进一步转变政府职能，完善电力监管组织体系，创新监管措施和手段，重点针对电力市场竞争情况、市场环境下电力交易、调度、供电服务和安全，以及电网公平接入、电网投资行为、成本及投资运营效率等方面加强监管，切实保障新能源发电机组安全并网接入，促进节能减排，保障居民供电和电网安全可靠运行。

参 考 文 献

[1] APPA. Retail Electric Rates in Deregulated and Regulated States：2019 Update，April 2020.

[2] APPA. America's Electricity Generation Capacity：2020 Update，March 2020.

[3] EIA. Electric Power Monthly. January 2020.

[4] FERC. Energy Infrastructure Update. December 2019.

[5] FERC. 2019 State of the Markets. March 2020.

[6] Monitoring Analytics. PJM State of the Market—2019 [OL]. http：//www. monitoringanalytics. com/reports/PJM_State_of_the_Market/2019. shtml.

[7] Potomac Economics. 2019 Assessment of the ISO New England Electricity Markets [OL]. https：//www. potomaceconomics. com/wp - content/uploads/2020/06/ISO - NE - EMM - 2019 - Report_Final. pdf.

[8] Potomac Economics. ERCOT State of the Market Report 2019 [OL]. https：//www. potomaceconomics. com/wp - content/uploads/2020/06/2019 - State - of - the - Market - Report. pdf.

[9] Potomac Economics. MISO 2019 State of the Market Report [OL]. https：//www. potomaceconomics. com/wp - content/uploads/2020/06/2019 - MISO - SOM_Report_Final_6 - 16 - 20r1. pdf.

[10] Potomac Economics. 2019 State of the Market Report for the New York ISO Markets [OL]. https：//www. potomaceconomics. com/wp - content/uploads/2020/05/NYISO - 2019 - SOM - Report__Full - Report_5 - 19 - 2020 - final. pdf.

[11] ISO - NE. 2019 Annual Markets Report [OL]. https：//www. iso - ne. com/static - assets/documents/2020/05/2019 - annual - markets - report. pdf.

[12] CAISO. 2019 First Quarter Report on Market Issues and Performance [OL]. http：//

www. caiso. com/Documents/2019FirstQuarterReportOnMarketIssuesAndPerformance. pdf.

[13] CAISO. 2019 Second Quarter Report on Market Issues and Performance [OL]. http://www. caiso. com/Documents/2019SecondQuarterReportonMarketIssuesandPerformance. pdf.

[14] CAISO. 2019 Third Quarter Report on Market Issues and Performance [OL]. http://www. caiso. com/Documents/2019ThirdQuarterReportonMarketIssuesandPerformance. pdf.

[15] CAISO. 2019 Fourth Quarter Report on Market Issues and Performance [OL]. http://www. caiso. com/Documents/2019FourthQuarterReportonMarketIssuesandPerformance. pdf.

[16] SPP. 2019 Annual State of the Market Report [OL]. https://spp. org/Documents/62150/2019%20Annual%20State%20of%20the%20Market%20Report. pdf.

[17] R. Wiser, A. Mills, J. Seel, etc. Impacts of Variable Renewable Energy on Bulk Power System Assets, Pricing, and Costs [OL]. https://emp. lbl. gov/sites/default/files/lbnl_anl_impacts_of_variable_renewable_energy_final. pdf.

[18] J. Seel, A. Mills, R. Wiser. Impacts of High Variable Renewable Energy Futures on Wholesale Electricity Prices, and on Electric - Sector Decision Making [OL]. https://eta - publications. lbl. gov/sites/default/files/report_pdf_0. pdf.

[19] E. Ela, M. Milligan, A. Bloom, etc. Evolution of Wholesale Electricity Market with Increasing Levels of Renewable Generation [OL]. https://www. nrel. gov/docs/fy14osti/61765. pdf.

[20] Electric Power Research Institute. Wholesale Electricity Market Design Initiatives in the United States: Survey and Research Needs [OL]. https://www. osti. gov/servlets/purl/1247648.

[21] AESO. 2019 annual market statistics [OL]. https://www. aeso. ca/market/market - and - system - reporting/annual - market - statistic - reports/.

[22] IESO. 2019 year in review [OL]. http://www. ieso. ca/en/Corporate - IESO/Media/Overview.

[23] IESO. Energy stream High - Level Designs [OL]. http://www. ieso. ca/Market - Renewal/Energy - Stream - - Designs/High - Level - Designs#DAM.

[24] BC Hydro Powerex. Products and Services [OL]. https://www. powerex. com.

[25] 侯孚睿，王秀丽，锁涛，等．英国电力容量市场设计及对中国电力市场改革的启示[J]. 电力系统自动化，2015，39（24）：1-7.

[26] OCCTO. OCCTO annual_report_FY2019［OL］. http：//www. occto. or. jp/en/information_disclosure/annual_report/files/annual_report_FY2019. pdf.

[27] JEPX. Japan Electric Power Exchange Guide_2.0［OL］. http：//www. jepx. org/english/outline/pdf/Guide_2. 00. pdf? timestamp=1592734340843.

[28] 奥西卡•列夫•康斯坦丁诺维奇．俄罗斯电力市场基础知识．电力批发市场[M]. 2019.

[29] Abdurafikov，R. Russian electricity market. Current state and perspectives［J］. vtt technical research centre of finland espoo，2009.

[30] 印度电力部（MOP). 年度报告（2018—2019）［OL］. https：//powermin. nic. in/sites/default/files/uploads/MOP_Annual_Report_Eng_2018-19. pdf.

[31] 李竹，庞博，李国栋，等．欧洲统一电力市场建设及对中国电力市场模式的启示[J]. 电力系统自动化，2017，41（24）：2-9.

[32] Western EIM. WESTERN EIM BENEFITS REPORT Fourth Quarter 2019. https：//www. westerneim. com/Documents/ISO-EIMBenefitsReportQ4-2019. pdf.

[33] 马莉，曲昊源，张高．我国电力现货市场建设取得阶段性进展［N］. 国家电网报，2019-09-17（005）.

[34] 张钦，王锡凡，王建学，等．电力市场下需求响应研究综述［J］. 电力系统自动化，2008，32（3）：97-107.

[35] 赵鸿图，朱治中，于尔铿．电力市场中需求响应市场与需求响应项目研究［J］. 电网技术，2010，34（5）：146-153.

[36] 张粒子，杨萌，梁伟，等．辅助服务市场中集成商的资源集成投标策略［J］. 电网技术，2019，43（8）：2808-2814.

[37] 陈宋宋，李德智．中美需求响应发展状态比较及分析［J］. 电力需求侧管理，2019，21（3）：73-76.

[38] 文福拴，林鸿基，胡嘉骅．需求响应的商业机制与市场框架初探［J］. 电力需求侧管理，2019，21（1）：10-15.

[39] PETER Bradley，MATTHEW Leach，JACOPO Torriti. A review of the costs and benefits of demand response for electricity in the UK [J]. Energy Policy，2013，52：312 - 327.

[40] JACOPO Torriti，MOHANMED Hassan，MATTHEW Leach. Demand response experience in Europe：Policies，programs and implementation [J]. Energy，2010，35 (4)：1575 - 1583.

[41] GUILLAUME Le Ray，EMIL Mahler Larsen，PIERRE Pinson. Evaluating Price - Based Demand Response in Practice—With Application to the EcoGrid EU Experiment [J]. IEEE Transactions on Smart Grid，2018，9 (3)：2304 - 2313.

[42] 李彬，陈京生，李德智，等．我国实施大规模需求响应的关键问题剖析与展望 [J]. 电网技术，2019，43 (2)：378 - 388.

[43] 李建林，郭威，牛萌，等．我国电力系统辅助服务市场政策分析与思考 [J]. 电气应用，2019 (10)：22 - 27.

[44] 沈运帷，李扬，焦系泽，等．新电改背景下需求响应成本效益分析及其融资渠道 [J]. 电力自动化设备，2017，37 (9)：124 - 130，138.

[45] 康重庆，杜尔顺，张宁，等．可再生能源参与电力市场：综述与展望 [J]. 南方电网技术，2016，10 (3)：16 - 23.

[46] 肖云鹏，王锡凡，王秀丽，等．面向高比例可再生能源的电力市场研究综述 [J]. 中国电机工程学报，2018，38 (3)：663 - 674.